KB164571

삶은 언제나 답을 찾는다

絶望から希望へ～悩める若者と哲学者の"幸福"をめぐる対話
ZETSUBOU KARA KIBOU E
Copyright © Ichiro Kishimi 2022
First published in Japan in 2022 by DAIWA SHOBO Co., Ltd.
Korean translation rights arranged with DAIWA SHOBO Co., Ltd.
through BC Agency.
Korean edition copyright © 2023 by The Korea Economic Daily &
Business Publications, Inc.

이 책의 한국어판 저작권은 BC에이전시를 통해
저작권자와 독점계약을 맺은 한국경제신문 (주)한경BP에 있습니다.
저작권법에 의해 한국 내에서 보호를 받는 저작물이므로 무단전재와 복제를 금합니다.

미움받을 용기 기시미 이치로의 인생 철학

삶은 언제나 답을 찾는다

기시미 이치로 지음 | **홍성민** 옮김

한국경제신문

수강생을 모집합니다

어른들은 우리에게 남은 미래가 있으니 좋겠다고 말하지만, 나로선 도대체 뭐가 좋다는 건지 알 수가 없다. 기후변화로 자연재해가 끊이지 않는 데다 성체를 알 수 없는 바이러스까지 전 세계인의 생명을 위협하고 있지 않은가. 정치가들은 자기 주머니 채우는 데만 급급하고, 경제는 나아질 기미가 없다. 날마다 힘들게 일해도 저축은 꿈도 꿀 수 없고, 연애나 결혼은 사치가 된 지 오래다. 이런 세상을 어떻게 살아가야 할까. 과연 미래가 있긴 한 걸까.

퇴근길, 혼자 중얼거리며 터벅터벅 걷던 중 한 대학교의 정문 옆에 붙어 있는 벽보가 눈에 띄었다.

철학 세미나 수강생 모집

주제: 당신에게는 삶과 세상을 바꿀 힘이 있다

철학자 기시미 이치로 수업

모집 인원: ○명

학생도 사회인도 환영

'당신에게는 삶과 세상을 바꿀 힘이 있다'라고?

그 자리에 서서 벽보를 한참 바라봤다. 사실 세상이 이렇다 저렇다 불평은 많이 했지만, 내가 뭔가를 할 수 있으리라고 생각해본 적은 없다. 그런데 아주 작은 것이라도 할 수 있다면, 그래서 세상을 조금이라도 바꿀 수 있다면 해봐야 하지 않을까? 지난 몇 년 동안 넌더리가 날 만큼 무력감에 시달렸는데, 나를 일으켜 세울 계기가 될 수 있지 않을까?

제1강 | 철학은 삶을 구할 수 있을까

제4강 │ **나를 사랑하는 법**

제5강 | ## 지금 이 순간, 그리고 인생을 즐길 것

등장인물

철학자

기시미 이치로

수강생

학생 H _ 철학을 전공하는 대학교 3학년생. 구직 활동 중인데 부모가 희망하는 직장과 자신이 원하는 삶이 달라 고민이 많다.

직장인 K _ 영업 일을 하는 직장인 3년 차. 회사에서 정해주는 할당량을 채워야 한다는 압박감에 늘 시달리고 있으며, 결혼을 약속했던 남자친구와 헤어지는 바람에 더욱 비관적인 성향이 됐다.

직장인 C _ 방송사에서 일하는 직장인 5년 차. 원하는 직장에 들어갔지만 상사의 '갑질'로 힘든 나날을 보내고 있다. 부정적이고 소극적인 성격을 고쳐 자신감 있는 사람이 되고 싶어 한다.

개강

철학자   아무도 안 올지 모른다고 생각했는데 세 분이나
오셨네요. 반갑습니다. 다들 오늘 처음 보는 사이
시죠?

수강생들   네, 맞아요.

철학자   그러면 간단히 자기소개부터 해볼까요? 또 어떤
이유로 여기 참석하게 됐는지도 얘기해주면 좋겠
네요.

직장인 K   그럼 저부터 하겠습니다. 직장인 3년 차로, 영업
일을 하고 있습니다. 이 강의를 신청한 이유는 무
력감을 극복하고 싶어서였어요. 정치는 형편없지,
지구온난화는 심각하지, 회사에서는 말도 안 되는

지시를 내리는데도 나에게는 그걸 바꿀 힘이 없지, 연애도 뜻대로 안 되지……. 그러던 차에 벽보를 보고 나도 뭔가 할 수 있지 않을까 싶어 신청했습니다.

학생 H 저는 대학교 3학년생이고, 직장을 알아보고 있습니다. 일러스트에 관심이 많아서 그쪽 일을 하고 싶은데 부모님은 대기업에 취업하기를 바라십니다. 이건 아직 풀지 못한 숙제예요. 그리고 제 전공이 철학인데 역사나 인물에 대한 지식은 쌓았지만 그걸 삶에 어떻게 활용할 수 있을지 답을 찾지 못했어요. 그런데 벽보를 보고 제가 아는 철학 강의와는 다르다는 인상을 받아서 신청했습니다.

직장인 C 저는 사회생활을 시작한 지 5년째로 접어들었고, 방송사에서 일하고 있습니다. 원하던 직장에 들어가긴 했지만 상사와 맞지 않아서 고민입니다. 또 매사 부정적으로 생각하는 경향이 있는데 이걸 좀 고쳐보고 싶어요. 저에게 삶과 세상을 바꿀 힘이 있다고 하셨는데, 그렇다면 무엇보다 저를 비꿀 힘이 있지 않을까 하는 기대로 신청했습니다.

삶은 언제나 답을 찾는다

철학자   이제 제 차례군요. 사실 강의를 하는 게 꽤 오랜만
         입니다. 최근에는 거의 밖에 나가지 않고 방에 틀
         어박혀서 책을 읽거나 원고를 썼거든요. 철학을 전
         공해서 대학에서 철학과 그리스어를 가르쳤고 정
         신과 병원에서 상담 일을 하기도 했습니다. 더 자
         세한 소개는 차차 하기로 하죠.

학생 H   철학 세미나라고 들었는데, 어떤 이야기를 하나요?

철학자   인생을 어떻게 살지, 어떻게 하면 행복하게 살 수
         있을지 등을 함께 생각해보고 싶습니다. 알프레드
         아들러Alfred Adler라는 오스트레일리아의 정신의학
         자가 있는데, 그분의 심리학을 바탕으로 할 계획입
         니다. 그리고 제가 일방적으로 강의하듯 말하는 형
         식보다 함께 이야기를 나누는 형식으로 진행할까
         합니다.

직장인 K 철학은 잘 모르는데 괜찮을까요?

철학자   그럼요. 뭐든 자유롭게 이야기해도 좋아요.

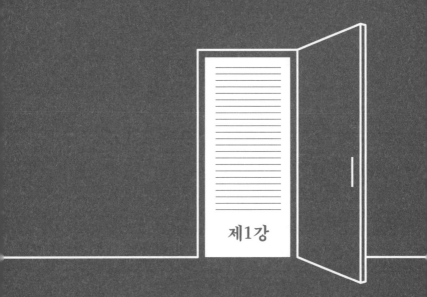

제1강

철학은 삶을 구할 수 있을까

철학은 정말 쓸모가 없을까

학생 H   친구와 함께 의류 매장에서 아르바이트를 하는데, 점장이 대학에서 무얼 공부하느냐고 물었어요. 친구는 전공이 경제학부 중에서도 공간경제학이라 "매장의 동선이 어떻게 매상으로 이어지는지를 공부합니다"라고 대답했어요. 점장은 "그거 좋네, 쓸모가 있어"라고 하고는, 저한테도 전공을 물었어요. 그래서 철학을 공부한다고 했더니 "철학? 뭘 배우는 건데?"라고 묻더군요. 그래서 "사람이 보다 잘 살기 위해서는 어떻게 해야 하는지를 생각하는 학문이에요"라고 설명했습니다.

철학자   저도 그런 식으로 설명합니다.

학생 H 그런데 점장이 "그게 어떤 쓸모가 있는데?"라고 또 묻는 거예요.

철학자 그래서 뭐라고 답했어요?

학생 H 제대로 대답할 수 없었습니다. 공간경제학은 매상을 올리는 데 쓸모 있다고 할 수 있죠. 그런데 철학은 돈을 버는 데 도움이 되는 게 아니라는 생각에 말문이 막히고 말았어요.

철학자 돈 버는 데 도움이 안 되니 철학은 쓸모가 없는 걸까요?

학생 H 그걸 잘 모르겠어요. 아무튼 저도 어떤 데 쓰일 수 있는지 알고 싶어서 이 철학 강의를 들어보기로 했습니다.

철학자 그랬군요. 먼저 '쓸모'가 무엇인지 의미를 짚어볼 필요가 있네요. 흔히 말하는 '쓸모 있다', '쓸모없다'라는 측면에서 따지자면 철학은 쓸모가 없습니다. 공부했다고 그걸로 돈을 벌 수 있는 건 아니니까요. 하지만 정말 쓸모없는 학문일까요?

먼저, 철학이란 무엇인가를 이야기해봐야겠군요. '보다 잘 산다'라는 말도 사람에 따라서는 다르게 받아들일 테니 그것도 차차 이야기해봅시다. '산다'가 무슨 말인지는 다들 알죠. 그런데 '잘 산다'가 무슨 뜻인지는 잘 몰라요.

 삶을 바꾸는 출발점

사물이나 현상을 보았을 때 그대로 받아들이기보다 '그것은 무엇인지'. '왜 그런지' 등 본질을 생각하는 질문을 던진다.

부모가 내 인생을 바꾸려 한다면

철학자   H씨는 대학에서 철학을 공부한다고 했는데 부모님이 반대하지 않았나요?

학생 H   원래는 철학을 공부하려고 대학에 간 게 아니었어요. 교양 과목으로 여러 강의를 들었는데, 그중 철학에 흥미가 생겨서 전공으로 선택했어요.

철학자   철학 외에 공부하고 싶은 것이 있었나요?

학생 H   처음에는 문학을 공부하고 싶었어요.

철학자   그러다가 생각이 바뀐 거로군요. 입학 당시에는 무얼 공부할지 결정한 것이 아니어서 부모님의 반대가 없었다는 거네요?

학생 H   처음부터 철학을 전공하겠다고 했다면 반대하셨을지도 몰라요. 철학을 전공한 졸업장으로 어디 취직할 수 있겠느냐고 하셨겠죠. 선생님도 철학 전공이신데, 부모님이 반대하진 않으셨나요?

철학자   우리 어머니는 저를 전적으로 믿어주시는 분이라 크게 부딪혀본 일이 없어요. 하지만 아버지는 조금 다르셨어요. 아마도 철학에 대해서 방금 이야기한 의류 매장의 점장과 같은 인상을 갖고 계셨을 거예요. 돈이 되지 않는 쓸모없는 학문이라고 말이죠. 더 나아가 아버지는 철학을 공부하면서 뜬구름 같은 생각들을 하면 극단적 선택을 하지 않을까 하는 두려움까지 갖고 계셨어요. 1903년에 후지무라 마사오라는 학생이 스스로 목숨을 끊으면서 사회적으로 큰 파문을 일으킨 사건이 있는데요. 철학을 공부했던 그 학생은 '인생은 알 수 없다'라는 짧은 메시지를 남긴 채 폭포에 뛰어들어 생을 마감했어요. 그 사건을 기억하고 계셨기에 자식 걱정을 안 할 수가 없었던 거죠. 하지만 어머니가 아버지를 설득해서 큰 어려움 없이 이쪽으로 진로를 잡을 수 있었어요.

학생 H 어머님이 대단하신 분이네요.

철학자 맞아요. 제가 부모가 되고 보니 그러기가 쉽지 않더라고요. 늘 감사드리고 있답니다.

학생 H 저는 요즘 직장을 알아보고 있는데 일러스트 일을 하고 싶거든요. 그런데 부모님은 안정된 대기업에 들어가라고 강경하게 말씀하십니다. 자식의 진로 선택에서 부모님이 한 치의 양보도 하지 않으려고 할 때는 어떻게 해야 하나요?

철학자 무시하면 됩니다.

학생 H 네? 그래도 되나요?

철학자 좋든 싫든 자신의 인생이니까요. 부모라고 해서 자식이 하고 싶어 하는 일을 막을 순 없어요. 딸의 결혼을 '허락'한다고 선언한 아버지 이야기가 화제가 된 적이 있죠. 허락이든 뭐든, 자식의 결혼에 부모가 참견할 수는 없습니다. 자식의 인생이니 자식이 스스로 결정해야죠.

삶을 바꾸는 첫 번째 걸음
세상의 기준에 맞추지 않고 자신이 좋아하는 인생을 산다.

열심히 살았지만 잘 사는 법을 모르겠다면

철학자　철학은 '지(知)를 사랑한다'라는 의미입니다. 여기서 '지'는 단순히 지식이 아니라 보다 잘 사는 방법을 알려주는 지혜를 가리킵니다. 나이가 많든 적든, 무얼 공부했든, 어떤 일을 하든 전혀 관계없이 누구나 배울 수 있습니다.

학생 H　보다 잘 사는 방법이라……. 잘 산다는 건 어떤 뜻일까요?

철학자　'자신에게 보탬이 되도록 산다' 또는 '행복하게 산다'라고 바꿔 말할 수 있습니다. 불행해지고 싶어 하는 사람은 없잖아요. 또 자신을 희생하는 삶을 살고 싶어 하는 사람도 없을 겁니다. 그런 삶은 자신에게 보탬이 되지 않죠. 많은 사람이 바르게 사는 것과 잘 사는 것을 혼동하는데, 그 둘은 같지 않습니다. 예를 들어 부정을 저지르거나 거짓말을 하면서 그것이 자신에게 보탬이 된다고 생각하는 사람도 있죠. 어떻게 사는 것이 잘 사는 것인가는 분명하지 않아요.

직장인 C 그럼 행복이란 무엇인가요? 사회적으로 성공하면 행복해질 거라는 믿음이 있는데, 그게 사실인가요? 물론 저도 성공하기 위해 노력하고 있고요.

철학자 그건 지금부터 차분히 생각해봅시다. C씨만이 아니라 성공하고 싶어 하는 사람이 많은데요. 성공이 곧바로 행복을 가져다줄지 아닐지는 단정적으로 말하기가 어렵습니다. 많은 사람이 당연하다고 생각하는 것, 세상에서 일반적이라고 말하는 것이 진짜인지 의심해봐야 합니다.

삶을 바꾸는 두 번째 걸음
사람들이 당연시하는 생각, 일반적으로 받아들이는 생각에 대해 의문을 가져본다.

하고 싶은 일은 어떻게 결정할까

철학자   직장에 다니고 계신 분들도 있는데요, 학교에 다닐
        때는 어떤 진로를 생각하셨습니까?

직장인 K   저는 회사에 취직하겠다는 생각 말고는 딱히 고민
        해본 진로랄 게 없습니다. 수입이 있어야 생활할
        수 있으니까요. 다들 그렇지 않은가요?

철학자   대학에 가지 않는 사람도 있고, 대학 진학과 취업
        을 분리해서 생각하는 사람도 있잖아요?

직장인 K   있긴 하지만 일반적이지는 않다고 생각했습니다.

철학자   하지만 어떻게 사느냐는 저마다 다르기 마련이죠.
        모든 사람이 똑같은 인생을 살 필요는 없습니다.
        예전에 강의했던 대학에서 제가 앞에서 수업을 하

는데도 국가시험 기출 문제를 푸는 학생이 있었습니다. 생명윤리를 강의하던 때였죠. 생명윤리는 장기이식 같은 윤리적 쟁점이 있는 복잡한 문제를 다루기 때문에 철학 교수가 담당하는 경우가 많습니다. 간호학부 1학년을 가르쳤는데, 아마 학생들은 임상 경험이 없어서 강의를 들어도 흥미를 느끼지 못했을 겁니다. 환자들을 접해야 비로소 관심을 갖게 되는 학문이거든요. 그래서 1학년이 아니라 4학년 때 가르쳐야 한다고 주장했는데, 학교 측에서는 그때쯤 되면 실습 때문에 바쁘다는 이유로 제 의견을 받아들이지 않았습니다. 그런 한편으로, 학생들도 생명윤리는 국가시험과 무관하다고 여기는 경향이 있어요. 그러니까 수업 중인데도 태연하게 기출 문제를 풀었던 거죠. 오히려 그 학생은 간호사가 되기 위해 열심히 공부한다고 생각했을 수도 있습니다.

학생 H 철학은 쓸모없다고 생각해서인가요?

철학자 아마도 그렇겠죠. 제가 고등학생이었을 때도 윤리나 사회, 종교는 대학입시와 관계없다는 분위기가 지배적이어서 반 아이들 대부분이 수업을 듣는 척만 했어요. 개중에는 대놓고 수학이나 영어 공부를 하는 아이도 있었습니다.

저는 아이들과 달리 그런 수업을 열심히 들었는데, 나와 똑같이 열심히 듣던 친구가 한 명 있었어요. 그 친구는 대학에 가도 자신이 배워야 할 것이 하나도 없다며 진학하지 않았습니다. 한동안 소식이 끊겼는데, 몇 년 후에 교토의 깊은 산속에서 혼자 산다는 이야기를 들었습니다.

다시 몇 년이 지나고, 이번에는 혼자 태국에 가서 저널리스트로 지낸다는 이야기를 들었습니다. 안타깝게도 그 친구는 젊은 나이에 세상을 떠났는데, "대학에 안 간 것은 젊은 날의 치기 어린 선택이었다. 대학에서 배울 것이 없다고 생각했지만 사실은 그렇지 않았다"라는 말을 남겼다고 합니다. 대학은 배움의 장입니다. 그 친구가 배우고 싶었던 바가 대학에 있었기에 뒤늦게 후회했을 겁니다. 다만 대학에 가지 않아도 무언가를 배울 수 있기 때문에 대학은 필수가 아닙니다. 물론 대학을 가지 않은 친구와 같은 삶도 충분히 있을 수 있고요.

직장인 C 그렇게 후회했다면 세속적인 삶의 방식이 안전한 게 아닐까요?

철학자 자신의 기준으로 사람을 판단해선 안 됩니다. 그 친구는 남들이 흔히 선택하는 안전한 인생을 살지 못했다고 후회한 게 아니에요. 그가 대학에 가야 했다고 말한 것은, 학교를 떠나 인생 경험을 쌓으면서 어린 시절 대학에서 배울 수 있는 게 없다고 여겼던 생각이 잘못됐음을 깨달았다는 의미입니다. 일단 대학을 나와야 평범하게 안전한 인생을 살 수 있고 성공할 수 있다고 여기는 사람들은 그 친구와 같은 삶의 방식은 이해하기 어렵겠지요. 또한 대학이 성공을 위한 관문이 아닌 배움의 장이라는 사실을 이해하기도 어려울 것입니다.

삶을 바꾸는 세 번째 걸음
세상의 기준에 맞추지 않고 자신이 좋아하는 인생을 산다.

대학에 가지 않아도 괜찮을까

철학자 　자식이 중학교나 고등학교만 졸업하고 바로 일을 하겠다고 하면 부모는 그야말로 공황 상태가 됩니다. 대학에 가지 않는 건 성공 가도에서 멀어지는 길이라고 생각하기 때문이죠. 하지만 부모가 할 수 있는 것은 자식을 지켜보는 것이라는 사실을 알아야 합니다.

직장인 C 　부모로서 그러기가 쉽지는 않을 것 같아요.

철학자 　그렇죠. 하지만 대학에 가지 않는다고 해서 평생 공부를 하지 않는 것은 아닙니다. 다양한 분야의 책을 읽거나 사람들과 관계를 이어가는 데서도 배울 수 있죠. 반대로, 학력은 높지만 학교를 나서자

마자 공부와는 담을 쌓는 사람도 있습니다.

또 공부가 사회적으로 성공하기 위한 것일 필요는 없습니다. 자신이 좋아하는 것을 배우느라 사회적 성공은 거두지 못했다고 하더라도 그 사람이 불행한 인생을 사는 것도 아닙니다.

나는 학력만 따지는 것은 의미가 없다고 생각합니다. 대학에서 고작 4년간 배운 내용이 어떻게 평생 영향을 미치겠어요?

학생 H 취업을 하는 데는 학력이 중시되지 않나요?

철학자 예전에는 기업에서 학력을 중요하게 보는 경향이 있었는데 요즘은 그렇지 않은 곳도 꽤 많습니다. 저만 하더라도, 어느 대학을 나왔는지에는 거의 관심이 없습니다. 단, 학생 때 어떤 공부를 했는지는 알고 싶어서 처음 만난 사람이나 같이 일하는 편집자에게 물어보기는 합니다. 그런데 대학에서 무얼 공부했는지 대답을 못 하는 사람들도 있더군요. 그냥 학위를 따기 위해서 갔다거나 취직에 필요해서 간 사람이라면 더더욱 4년간 배운 것이 평생 갈 리 없습니다.

열심히 공부한 사람도 젊을 때 배운 것과 전혀 다른 분야에서 활약하는 경우가 많습니다. 대학교수도 마찬가지입니다. 실력 있는 연구자들은 자신의 전문 분야에만 계속 매달려 있지 않아요. 어른이 된 후에 학생 때 배웠던 것과 다른 것을 배워선 안 될 이유는 없습니다.

 삶을 바꾸는 네 번째 걸음

학력이 아니라 무엇을 배웠느냐를 중요하게 생각한다.

내 행복만 먼저 챙겨도 될까

직장인 C 처음 했던 이야기로 돌아가서, '보다 잘 산다'라는
건 세상에 도움이 되는 존재가 되는 걸 말하나요?
아니면 자신이 행복해지는 걸 의미하나요?

철학자 양쪽 전부라고 할 수 있겠죠? 자신이 행복하지 않
으면 세상에 도움이 될 수 없으니까요.

자신이 좋아하는 일을 해서 행복을 강하게 느끼면,
결과적으로 주위 사람에게도 도움이 되죠. 그런 삶
을 살려면 자신이 진심으로 좋아하는 것을 찾아야
하죠. 남들에게 실제적으로 해를 끼치지 않는 한,
자신이 좋아하는 일을 하면서 행복해지는 것은 주
변 사람들에게도 도움이 됩니다.

직장인 K 자기 행복을 추구하다 보면 독선적으로 흐르지 않을까요?

철학자 남들이 행복해야만 자신도 행복해질 수 있다고 생각할 필요는 없습니다. 원래 자신만 행복해지는 경우는 없거든요. 사람은 혼자 사는 것이 아니잖아요.

직장인 C 자신이 행복하면 주변 사람도 행복해질 수 있다는 말이 이해가 안 됩니다.

철학자 어린아이를 보면 알 수 있습니다. 아이들은 주위 어른들을 행복하게 해야겠다는 생각 같은 건 안 해요. 하지만 아이들의 웃는 얼굴을 보는 것만으로도 행복한 기분이 들지 않던가요?

학생 H 어린아이라서 그런 거 아닌가요? 어른들은 대체로 아이들을 따뜻한 시선으로 바라보잖아요.

철학자 아뇨, 어른도 아이도 똑같습니다. 행복한 사람이 주는 에너지는 크게 다르지 않습니다.

 삶을 바꾸는 다섯 번째 걸음
자신이 좋아하는 일로 사람들을 행복하게 한다.

인생의 무엇에 집중해야 할까

직장인 C 어른이라면, 자신이나 주위 사람을 행복하게 하기 위해 뭔가를 해야 하는 거 아닌가요?

철학자 예를 들면요?

직장인 C 좋은 대학에 들어가 열심히 공부하고, 졸업 후에는 일류 기업에 취직해서 돈을 많이 버는 거죠. 그러면 주변에 해줄 수 있는 게 많아지니까요.

철학자 일반적으로 말하는 '성공'이군요. 성공하면 행복해지고, 그것이 주위 사람도 행복하게 한다는 말씀이시죠?

직장인 C 네. 자신도 기쁘고 가족도 좋아할 테니까요.

철학자 그런데 어린아이는 뭔가를 하지 않고 그저 존재하는 것만으로도 주위 사람을 행복하게 하잖아요?

직장인 C 네.

철학자 그런데 어른은 뭔가를 해야 한다는 거고요?

직장인 C 네. 어른은 어린아이와 달라요. 아무것도 생산하지 않고 그냥 있기만 하면 오히려 짐이 되죠.

철학자 성공하면 정말 행복이 따라오는지 생각해봐야 합니다. 인생에서 가장 중요한 것이 성공일까요? 예를 들어 보겠습니다. 누구나 예기치 않게 병에 걸릴 수 있습니다. 금방 나을지 아니면 병이 오래 갈지도 알 수 없을 수 있습니다. 굉장히 열심히 일하는 사람도 몸이 아프거나 오래 입원해야 해서 일을 못하게 되는 경우도 있지요. 하지만 대부분의 사람들은 자신이 병에 걸릴 가능성은 생각하지 않습니다. 자신이 아프거나 불가피한 사고가 일어날 경우를 염두에 두지 않기 때문에 '짐'이라는 표현을 아무렇지 않게 쓸 수 있는 겁니다.

열심히 일하던 사람이 장기간 입원한다면 가족이나 주위 사람이 환자를 보살펴야 해서 힘들어지긴 하겠죠. 하지만 그렇다고 그가 짐이 되는 것은 아닙니다. 사람을 짐으로 여기는 사회에서는 결국 아무도 행복할 수 없습니다. 제 아버지는 병으로 오랫동안 집에서 요양을 하셨습니다. 아프기 전에는 일에 쫓겨 얼굴 볼 시간이 별로 없었지만 요양하시면서 가족이 함께 보낼 수 있어서 사이가 더 좋아졌습니다. 처음에는 어색하기도 했지만요.

많은 사람들이 살면서 당연하게 생각했던 상식이 깨지는 순간이 찾아옵니다. 예기치 못한 일을 겪으며 '이렇게 사는 게 맞는지' 고민도 하죠. 그런 고민을 털어놓아도 당장 눈앞의 목표에 몰두하도록 내몰리는 경우가 많습니다.

예를 들어 많은 부모가 사회적 성공을 인생의 목표로 두고, 자녀들이 좋은 대학에 가길 바랍니다. 우리의 삶에 목표는 '성공'이 아니라 '행복'이 되어야 합니다. 흔히 성공이야말로 행복해지기 위한 수단이라고 하지만 그것이 정말일까요.

직장인 C　그럼 성공하면 안 되는 건가요?

철학자　그건 당연히 아닙니다. 하지만 자기 욕심을 채우기 위해 기를 쓰고 성공하는 것이 맞는지, 성공만 바

라보느라 놓치고 있는 게 있지 않은지 고민해봐야
합니다.

학생 H   행복하게 살고 싶으니까 성공은 하지 않아도 된다,
그래서 대학에는 가지 않겠다. 그렇게 말하면 보통
의 부모님은 완강히 반대하지 않을까요?

철학자   앞서도 말했지만 그런 것은 무시할 수 있어야 합
니다. 부모는 자식의 인생을 책임질 수 없고 자식
도 나중에, 그때 부모가 반대해서 하고 싶은 것을
포기했다고 탓할 순 없고요. 결국 선택은 자신의
몫이지요.

학생 H   그런데 그 선택이 부모님의 축복을 받지 못한다면
평생 싸우게 되지 않을까요?

철학자   부모님이 반대하면 원하는 삶을 포기할 건가요?

학생 H   안 그래도 요즘 갈등 중인데요. 좋아하는 일을 선
택하면 행복할 것 같다가도 부모님을 생각하면 망
설여져요.

철학자   자신의 인생에 집중하고 자신의 인생을 살면 됩니
다. 우리가 사는 건 부모의 인생이 아니니까요.

직장인 C   하지만 사회는 성공을 목표로 경쟁하면서 성장하

고 발전해왔잖아요. 모두가 성공을 지향하지 않으면 사회가 점점 쇠퇴하지 않을까요?

철학자 모두가 성공을 지향하지 않게 되는 일은 없을 겁니다. 하지만 만약 많은 사람이 성공을 목표로 하지 않게 돼 사회가 쇠퇴한다고 해도 그 역시 좋다고 생각해요. 가난하다고 해서 꼭 불행해진다고는 할 수 없으니까요.

 삶을 바꾸는 여섯 번째 걸음

성공이 아니라 행복을 목표로 한다.

행복해 보이는 것에 마음을 빼앗긴다면

직장인 C 가난해도 행복해질 수 있다지만, 그게 쉬울까요? 고급 차를 몇 대씩이나 가지고 있고 멋진 집에 사는 사람의 사진을 SNS에서 가끔 보는데, 정말 행복해 보여요. 그런 생활을 해보고 싶고, 내가 초라해지는 느낌이 들어요.

철학자 행복한 것이 아니라 행복하게 보이고 싶은 게 아닌지 생각해봐야 합니다. 남들의 부러워하는 시선을 즐기면서 말입니다. 하지만 행복해 보이더라도 실제로 행복하지 않다면 무슨 의미가 있겠어요?

직장인 K SNS에서 '좋아요'를 받는 것, 행복하게 보이는 것이 행복이라고 생각하는 사람도 있지 않을까요?

철학자　물론 그럴 겁니다. 하지만 '행복하게 보이는 그녀를 따라 했지만 전혀 행복하지 않았다'라는 내용의 노래도 있잖아요(일본 여성 싱어송라이터 야노 아키코의 Happiness-옮긴이). 고급 차를 몰고, 멋진 집에 사는 것은 그 자체가 행복이기보다 행복하기 위한 수단입니다. 실제로 그렇게 함으로써 행복해질 수 있느냐는 또 다른 문제입니다.

예를 들어, 일반적으로 돈을 버는 것은 행복해지는 수단이라고 하죠? 하지만 돈을 많이 버느라 몸이 망가진 사람도 있습니다. 그러면 행복할 수 있을까요? 반대로, 돈이 없어도 검소하게 살면서 행복을 느끼는 사람도 있죠.

직장인 C　하지만 주위 사람들에게 잘 보이고 싶은 것이 아니라, 맛있는 음식을 먹거나 멋진 곳에 여행을 다니면 행복한 기분이 들 수도 있잖아요. 그럴 때도 돈이 필요하고요.

철학자　맛있는 음식을 먹으면 만족감을 느끼죠. 하지만 우리가 그런 만족감을 얻기 위해서만 사는 것은 아닙니다. 한순간의 행복감을 위해 돈을 벌고 성공을 지향한다는 건 중요한 것이 무엇인지 놓치는 것입니다.

직장인 C 그렇다면 성공과 행복은 양립할 수 없는 건가요? 선생님의 말이 현실적이지 않은 기분이 듭니다.

철학자 지금, 당신은 성공했습니까?

직장인 C 어려서부터 하고 싶었던 일을 하고 있으니 일단 꿈은 이뤘지만, 성공이라고 하기엔 부족하다고 생각해요.

철학자 어떻게 되면 성공했다고 할 수 있을까요?

직장인 C 더 높은 직급으로 올라가거나 일에서 남다른 성과를 내는 거죠.

철학자 그럼 지금은 행복하지 않나요?

직장인 C 아직 성공하지 않았으니까요.

철학자 그래서 행복하지 않은가요?

직장인 C 전혀 행복하지 않다고는 할 수 없지만, 행복하다고 자신 있게 말할 순 없습니다.

철학자 '지금' 달성하지 않은 것을 생각하며 사는 것은 현실적이라고 할 수 없습니다. 성공했든 안 했든 지금 어떻게 살까를 생각하는 것이야말로 현실적입니다. 우리 인생은 성공하기까지 리허설을 하거나 가짜 인생을 사는 게 아닙니다. 우리에겐 지금 살고 있는 이 인생만 주어져 있죠.

 삶을 바꾸는 일곱 번째 걸음
미래의 성공을 위해 지금을 소홀히 하지 않는다.

행복과 행복감은 어떻게 다를까

철학자 행복과 행복감은 다릅니다. 어떨 때 자신이 행복하다고 느끼는지 명확히 해야 합니다. 예를 들어, 술을 마시면 기분 좋은 취기를 느끼죠. 그때 행복감은 있을 수 있지만 그것과 행복은 별개라고 생각합니다. 행복감은 술기운처럼 시간이 지나면 깨는 거예요. 사람들과 있을 때는 즐거운데 집에 오면 외로운가요? 그렇다면 그건 행복감일 뿐·행복은 아닙니다. 정말 행복해지기 위해서는 '행복하게 산다'라는 목적을 무엇으로 실현할 수 있는지를 알아야 합니다. 그런 의미에서 행복은 지적인 마음 상태입니다.

그럼 사람은 어느 때 행복하다고 느낄 수 있을까요. 앞으로 더 자세히 이야길 나누겠지만, 어떤 방식으로든 남들에게 도움이 된다고 느낄 때 행복해질 수 있습니다.

직장인 C 그런 식으로 생각한 적은 없었는데 독특한 관점이네요. 그럴 때 행복해지는 이유가 뭔가요?

철학자 그걸 설명하기는 쉽지 않습니다. 한여름 더위 속에서 한겨울 추위를 느끼는 것만큼 어려워요. 그래도 모두가 추위를 경험한 적이 있으니 상상은 할 수 있죠. 하지만 남들에게 도움이 될 때 행복하다고 느껴본 적 없는 사람이라면 지금 말하는 행복을 느끼는 상황과 그 이유를 알기 어려울 것입니다.

학생 H 저는 알 것 같아요. 손님에게 어울리는 옷을 추천했을 때 제안을 흔쾌히 받아주면 기분이 좋아요. 그런 느낌인가요?

철학자 그것도 있죠. 단, 뭔가를 꼭 적극적으로 해야만 사람들에게 도움이 되는 것은 아닙니다. 예를 들어, 병에 걸려 거동이 불편한 상황에 처했다고 해볼게요. 이럴 때도 자신이 누군가에게 도움이 된다고 느낄 수 있느냐가 중요합니다. 그리고 이를 느끼려면 반드시 뭔가를 해야만 도움이 될 수 있다는 사고방식에서 벗어나야 합니다.

병에 걸리면 직장을 잃을 수도 있습니다. 견실한 기업에 근무한다면 일을 쉬어도 자리를 보장받겠지만, 계약직이면 순식간에 자리가 없어지잖아요? 저도 한때는 시간제 강사였는데 병으로 쓰러져 일주일을 못 나갔더니 곧바로 해고됐어요. 그것이 현실입니다. 이럴 때도 주변에 도움을 준다고 느낄 수 있고, 그러면 행복한 거예요. 일자리를 잃었다고 자신의 가치가 없어지는 것은 아닙니다. 그런 식이라면 아직 일할 수 없는 어린아이는 아무런 가치가 없는 셈이잖아요.

직장인 C 아직 잘 모르겠습니다. 행복에는 눈에 보이는 알기 쉬운 지표가 없나요?

철학자 없습니다. 행복은 양적인 것이 아니기 때문에 측정할 수 없거든요. 성공이라면 알기 쉽죠. 학력, 지위, 돈 같은 지위나 경제력이 지표가 됩니다. 하지만 행복에는 그런 지표가 없습니다.

직장인 C 어딘가에서 '행복도'라는 표현을 본 것 같은데, 일
반적인 지표는 아닌가요?

철학자 그런 수치에 비춰보지 않으면 자신이 행복한지 어
떤지 알 수 없다는 게 이상할뿐더러 사람에 따라
서도 달라요. 다른 사람과 똑같아져야 행복해진다
고 할 순 없고, 다른 사람은 이해하기 어려운 행복
도 있어요.

간혹 대기업 오너의 자녀가 회사를 물려받지 않고
자기 길을 가거나, 인기 절정일 때 은퇴하는 연예
인이나 스포츠 스타 얘기를 언론에서 접하게 됩니
다. 그들을 쉽게 이해할 수 없다는 사람이 많을 텐
데요. 그들은 성공이 행복이 아니라고 생각한 겁니
다. 그래서 주변의 시선과 이야기에 휘둘리지 않고
자신의 행복을 찾아 나선 거죠.

삶을 바꾸는 여덟 번째 걸음
남들에게 도움이 된다고 느끼는 공헌감을 중요하게 여겨라. 그것
이 행복이다.

삶에서 가치 있는 것은 무엇일까

철학자　앞서 얘기한, 몸이 아파서 일주일 동안 수업을 하지 못했을 때 일인데요. 그때 다행스럽게 느낀 점 중 하나가 '내가 살아 있다는 것만으로도 다른 사람에게 도움이 된다'라는 사실을 실감할 수 있었다는 거예요. 왕성하게 활동하다가 병실에 누워 있어야만 하니 처음엔 우울했지만, 내가 살아 있는 것을 기뻐해 주는 사람이 있다는 걸 알게 됐어요. 가족만이 아니라 친구들도요.

직장인 K　저라면 아무것도 할 수 없는 자신에게 실망해서 도저히 그런 식으로는 생각하지 못했을 거예요. 이렇게 하면 그런 관점을 가질 수 있나요?

철학자　입장을 바꿔서 생각하면 알 수 있습니다. 만일 가족이나 친한 친구가 사고를 당해서 병원으로 이송됐다는 연락을 받는다면 제일 먼저 어떤 생각이 들까요?

직장인 C　살아만 있어 달라고 막 기도할 것 같아요.

철학자　그렇죠? 누구나 같은 마음일 거예요. 그처럼 자신이 살아 있는 것이 누군가에겐 기쁨이니, 살아 있는 것만으로도 도움이 되는 것 아닌가요?

　이 얘기는 아주 중요한데요. 특히 청년들에게 강조해서 들려주고 싶습니다. 난관에 부딪혔을 때 인생을 비관하고 극단적인 선택을 하는 이들이 종종 있는데, 자신이 살아 있다는 것 자체만으로도 누군가에겐 기쁨이라는 사실을 꼭 떠올리라고 말입니다. 그것이 바로 남들에게 도움을 주는 것이고, 그게 곧 행복이거든요.

　이 강의의 최종 목표는 '아무것도 할 수 없어도 살아 있다는 것만으로 자신에게 가치가 있다고 생각하는 것, 지금 여기 존재하는 것만으로도 행복하다고 느낄 수 있게 되는 것'입니다.

직장인 C   지금 세상에선 이런 말을 해도 쉽게 받아들여지지
        않을 것 같아요. 뭔가 성과를 내야 한다는 분위기
        라서요.

철학자   일을 하지 않는 사람은 성과를 낼 수 없죠. 그런데
        성과를 내지 못하면 가치가 없고, 사람에게 도움
        이 되지 않는 걸까요? 아닙니다. 지금 세상은 생산
        성이나 경제적 유용성 또는 효율이 중요하다는 가
        치관이 지배하고 있어서 몸이 아픈 사람이나 나이
        많은 사람은 무시당하기 일쑤죠. 심지어 코로나19
        팬데믹 때 노인은 어차피 살날이 길지 않으니까
        경제를 멈추지 않으려면 젊은 사람을 우선적으로
        살려야 한다고 말한 사람도 있었어요.

직장인 K   더 이상 아무것도 할 수 없으니 살고 싶지 않다고
        생각해서 안락사를 선택하는 것은 괜찮나요? 누구
        에게도 피해를 주지 않는다면요.

철학자   이 나라에서 안락사는 법으로 인정하지 않습니다.
        오히려 자살방조죄에 해당합니다. 앞으로 안락사
        가 합법화되어도 안락사를 인정하는 것은 위험할
        수 있습니다. 당사자의 결정만으로 끝나지 않기 때

문이에요. 몸을 움직일 수 없고, 병이 들어도 삶을 향한 의지를 갖는 사람이 있는 반면, 죽음을 선택하는 사람도 있지요. 저마다 결정은 존중받아야 하지만 "더 이상 몸을 움직이지 못하고, 쓸모가 없는데 죽음을 택하지 않느냐"라고 비난하는 사람도 나올 수 있습니다. 당사자의 순수한 결정이 아니라 다른 사람들이 환자가 생산성이 없다고 살 자격이 없다고 판단해서 안락사로 몰아가는 사회는 끔찍합니다.

사가미하라 장애인 시설 살상 사건(2016년 사가미하라시에 위치한 지적장애인 복지 시설에서 발생한 집단 살상 사건. 19명이 살해되고 26명이 중경상을 입었다. 범인은 시설의 전 직원이었는데 중증장애인은 안락사해야 한다고 주장했다고 한다-옮긴이)에서도 범인은 자신이 한 일을 지지하는 사람들이 있을 거라고 말했습니다.

따라서 삶 자체만으로도 가치가 있음을 우리는 기억해야 합니다. 살아있다는 것에 감사하다고 생각하는 사회가 되어야 합니다. 몸이 아프거나 나이가 들었다고 해서 남에게 피해를 주는 것은 아닙니다.

그리고 돌보는 일 자체가 불행이 되어서도 안 됩니다. 여러분도 남들에게 도움을 구한 적이 한 번쯤은 있죠?

직장인 K　저는 지하철에서 빈혈로 쓰러진 적이 있어요.

철학자　아무도 도와주지 않던가요?

직장인 K　아뇨. 몇 분이 부축해서 의자에 앉혀줬습니다.

철학자　그분들께 피해를 줬다고 생각했나요?

직장인 K　네, 미안했어요.

철학자　하지만 도와준 사람은 그렇게 생각하지 않았을 겁니다. 당신이 도움을 주는 쪽이었다면 어떨까요?

직장인 K　저한테 피해를 줬다고는 생각하지 않죠.

철학자　그렇죠? 누군가를 돌보는 게 쉬운 일은 아니겠지만 피해를 당했다고 생각하진 않는 게 인지상정이에요.

직장인 K　그렇군요. 도움이 필요한 사람에게 도움을 주는 것은 자신이 하고 싶어서 하는 거란 말씀이군요. 피해를 끼치거나 당하는 게 아니라요.

　　　　고령화 사회가 되면서 간병과 돌봄 이야기도 자주 듣습니다. 만일 부모님께 돌봄이 필요해진다면 저는 무얼 할 수 있을까요?

철학자 　가장 중요한 것은, 부모님이 '살고 싶다'라고 생각할 수 있도록 도와주는 겁니다.

직장인 K 　그러려면 구체적으로 무엇을 해야 하나요?

철학자 　아무것도 하지 않아도 됩니다. 그냥 함께 있는 것만으로도 부모님은 고마워할 겁니다. 자녀가 학교에 가기 싫어한다며 걱정 가득한 얼굴로 상담실을 찾아오는 부모들이 종종 있는데, 저는 항상 "아이는 집에 무사히 있으니까 그걸 감사히 생각합시다"라고 안심시켜요. 어쨌든 살아 있잖아요.

마찬가지로 젊은 사람들도 부모님에 대해 살아 있는 것만으로도 감사하다는 마음을 가져야 합니다. 그것만으로도 부모는 고마워하고, 살고 싶다고 생각합니다.

🌧 **삶을 바꾸는 아홉 번째 걸음**
살아 있는 것만으로도 누군가에게 도움이 될 수 있음을 알아야 한다.

자신과 타인의 과제를 분리할 수 있을까

철학자 자식이 살아 있는 것 자체를 감사할 수 있는 부모
는 자식이 집에만 있어도 초조하거나 불안해하지
않습니다. 자식이 무능력하고 직업을 갖지 못한 채
방에 틀어박혀도, 오늘 하루 무사히 건강하게 있어
줘서 다행이라고 생각하죠. 그러면 자식 역시 자신
이 살아 있는 것이 감사한 일이라 생각할 수 있게
됩니다. 그렇게 생각했을 때 그다음 한 걸음을 내
디딜 수 있습니다.

그러려면, 자식의 인생은 자식의 과제이지 부모의
과제가 아니라는 점을 부모가 알아야 합니다. 부모
라도 자식의 인생에 깊이 개입해선 안 된다는 거죠.

학생 H   '과제'란 어떤 의미인가요?

철학자   어떤 일의 결과가 최종적으로 누구에게 영향을 미치고 누가 책임을 지는가를 생각할 때, 그 '어떤 일'을 말합니다. 예를 들어 공부를 한다 또는 하지 않는다는 누구의 과제일까요?

학생 H   자식의 과제요.

철학자   그렇습니다. 하지만 많은 부모가 그렇게 생각하지 않기 때문에 자식에게 공부하라고 잔소리를 하죠. 하지만 그건 자식의 과제이므로 잔소리를 해선 안 됩니다.

학생 H   가만 생각해보면 부모의 과제이기도 하지 않나요? 예를 들어 자식이 공부를 하지 않아서 좋은 학교에 가지 못했을 때, 다른 엄마들이나 직장 동료들이 무시할 수도 있잖아요. 그러니까 부모에게도 영향이 있다는 얘기죠.

철학자   부모가 친구나 동료에게 잘 보이기 위해서 자식이 공부를 해야 한다는 것은 이상한 논리죠. 여기서 군이 과제를 뽑아내자면 '무시당하기 싫으니 어떻게든 잘해야 한다'인데, 이건 부모의 과제잖아요.

그걸 자식에게 떠넘겨서는 안 됩니다. 그리고 실제로도 "다른 엄마들한테 무시당하기 싫으니 공부 좀 해"라고 잔소리하면 자식은 공부하지 않아요.

공부를 하든 하지 않든 자식이 전적으로 책임지고 결정하면 됩니다. 부모도 주위에서 무슨 말을 듣든지 "공부는 자식의 과제이므로 나는 잔소리하지 않아"라고 딱 잘라 말해야 합니다. 부모가 자녀의 편이 돼줘야 합니다.

학생 H 앞으로 인생을 어떻게 사느냐도 자식의 과제이니 자식이 스스로 결정하면 된다는 말씀인가요?

철학자 그렇습니다. 자식이 잠시 집에만 있고 싶다고 말하면 부모는 최대한 도와주면 됩니다. 부모가 영원히 돌봐줄 수 있는 것은 아니지만, 그건 그때 가서 생각하는 수밖에 없어요. 물론 자식이 생각해야 하는 거죠. 부모가 할 수 있는 것은 오늘 자식이 살아있는 것을 감사히 여기는 것뿐임을 완전히 이해한 부모는 자식의 인생에 더는 잔소리를 하지 않게 됩니다. 그런 변화에 따라 자식도 자신의 인생을 살아야 한다고 결심하게 되죠.

지금까지 많은 부모를 만났는데, 자식을 위해서라고 생각해서 한 일이 자식을 집 안에 가뒀다는 것을 깨닫는 이들이 많았습니다.

한번은 부모가 상담실의 발길을 끊은 지 2년쯤 지났을 때 자식이 찾아온 적이 있습니다. 그는 '요즘 부모님이 차갑게 대한다. 예전에는 정신과 선생님도 찾아가고 상담도 하는 등 나를 위해 그렇게 최선을 다했는데, 요즘에는 취미 활동과 일에 빠져 있다. 오늘은 앞으로 내가 어떤 인생을 살아야 할지 상담하러 왔다'라고 이야기하더군요.

인생을 어떻게 살지를 드디어 자신의 과제로 인식하게 된 거죠. 예전 같으면 부모가 어떻게든 해줄 거라고 생각했겠지만, 이제는 생각이 바뀐 거예요. '더는 부모를 의지할 수 없고, 내가 아무것도 할 수 없는데 부모가 세상을 떠나면 나도 끝이다'라는 걸 알게 된 겁니다.

학생 H 부모가 전혀 간섭하지 않으면 자식은 현재 상황에 만족해서 더 아무것도 하지 않게 되지 않을까요?

철학자 그렇지 않더라고요. 자식은 상황 변화를 잘 인식해서 자신을 바꿔나가요. 그보다는 부모 쪽이 더 힘들어합니다. 자식이 어떻게 사느냐를 부모가 결정할 수 없고, 자식이 어떤 인생을 살든 부모가 할 수 있는 것은 있는 그대로의 자식을 받아들이고 지켜보는 것뿐이라는 사실을 잘 받아들이지 못합니다. 아무튼 출발점은 '자식 스스로가 자신이 살아 있다는 자체에 가치가 있다고 생각하는 것'입니다. 모두가 '지금 이대로는 안 된다'라고 말해왔기 때문에 자식은 뭔가를 해야만 한다, 특별해져야만 한다고 생각하게 됐죠. 그런데 자기 힘으로는 어른의 기대를 충족시킬 수 없다고 생각될 때 자신의 존재가 가치가 없다고 판단해 사람과의 관계도 끊어버리는 겁니다.

특별하지 않으면 인정받지 못한다고 생각하던 자식이 '나는 지금 이대로 괜찮다'라고 사고를 바꾸면, 반드시 다음의 한 걸음이 보입니다.

 삶을 바꾸는 열 번째 걸음
지금 이대로도 괜찮다고 생각해야 한다.

내가 쓸모없다고 생각된다면

직장인 C 자본주의 세상에선 돈을 버는 사람이 훌륭한 사람
으로 꼽힙니다. 회사에서는 이익을 내는 사람이 훌
륭하다고 치켜세우고, 매년 성과 평가를 해서 이익
을 내지 못한 사람에겐 불이익을 줍니다. 사회에선
모든 것에 순위가 매겨지고, 연예인도 예쁘고 스타
일이 좋은 사람이 인기를 얻습니다. 심지어 성소수
자는 자식을 낳지 못해 생산성이 없으니 쓸모없다
고 말하는 정치가도 있어요.

뭔가를 할 수 있고, 뭔가를 가진 사람이 좋은 평가
를 받는 사회적 흐름이 갈수록 강해지고 있어요.
그러다 보니 더 높은 곳을 향해 노력해야 한다는

생각에 늘 쫓기는 기분이에요.

철학자　진짜 바보는 생산성으로 사람을 평가하는 사람입니다. 그런 무리가 믿고 있는 세속적인 가치관을 거부하고, 그곳에서 빠져나와야 합니다. 경제적으로는 성공하지 못했을지 모르지만, 가진 것이 없어도 행복하게 살 수 있다는 자부심을 가져야 해요. 회사의 이익을 올리기 위해 자신을 조직의 부품이나 도구로 만들고 싶어 하는 사람은 없을 테니까요.

학생 H　하지만 내가 얼마나 생산성이 높은지를 어필하지 못하면 직장을 잡기가 어려워요.

철학자　모두 비슷한 디자인의 정장을 입고 면접 연습을 하죠. 컴퓨터를 잘 다룬다거나 이런저런 자격증을 획득했다고 내세우면서 자신을 '인재'로 어필합니다. 지금은 어떤 업무에 투입되든 즉시 일할 수 있는 인재가 요구되는 시대입니다. 이런 마당에 보여주기식 자격증이나 토익 점수는 크게 의미가 없죠. 이런 시대, 이런 사회에서 아무런 비판 의식 없이 지금까지 살아온 방식이 무조건 옳다고 생각하는 사람이 과연 행복할 수 있을까요? 오히려 다른 길은 없는지 고민하는 사람이 행복한 인생을 보낼 수 있다고 생각합니다.

직장인 K 방금 말씀하신 '가진 것이 없어도 행복하다'라는 사고방식이 잘 이해되지 않습니다. 그런 관점이라면 아무 조건 없이 행복할 수 있다는 거잖아요. 지금 우리 세대는 자신의 힘으로는 어쩔 수 없는 많은 문제에 직면해 있습니다. 정치가는 자기 잇속만 챙기고 국민의 어려움은 생각하지 않는 데다 기후변화로 사계절 내내 자연재해가 끊이지 않습니다. 불황이 지속돼 월급은 오르지 않는데 세금만 자꾸 늘어나 살기도 팍팍해요. 어른들은 우리더러 미래가 있어서 좋겠다고 입버릇처럼 말하는데, 현실을 보면 오히려 미래가 있는 쪽이 불행하다는 생각이 듭니다. 이런 상황에서도 살아 있다는 것만으로도 행복할 수 있다는 말씀인가요?

철학자 그렇습니다. 지금의 정치가 옳다는 것은 아니고, 어찌 되든 상관없다는 것은 더더욱 아닙니다. 정치가 부패했다면 싸워야죠. 하지만 정치가 우리를 행복하게 해주리라는 생각은 하지 않는 게 좋습니다. 그저 불행하게 하지만 않으면 좋을 정도죠. 자신만을 위해서가 아니라 모두의 목숨을 지키기 위해서 싸워야 해요. 정치적 이데올로기의 문제가 아니라 무능한 정치가는 필요 없다는 목소리를 낼 필요가 있습니다. 그럴 때 우리를 불행하게 만든 상황은 바뀌기 시작합니다.

 삶을 바꾸는 열한 번째 걸음
생산성으로 사람을 평가하지 않는다.

혼자서는 정말 아무것도 바꿀 수 없을까

직장인 K 하지만 혼자 목소리를 낸다고 해서 무얼 할 수 있겠느냐는 생각이 듭니다.

철학자 그렇더라도 일단 스스로 시작하는 수밖에 없습니다. 한 사람의 힘은 큽니다. 내가 움직이면 반드시 파급효과를 가져올 수 있다고 믿어야 해요.

직장인 K 파급효과를 가져온다는 믿음이요?

철학자 나를 지지하는 동료가 있으니 절대 고립되지 않는다고 믿는 겁니다. 이것이 타인에 대한 신뢰죠. 누군가가 영웅이 돼서 모두를 이끄는 것이 아니라 한 사람, 한 사람의 힘이 모여 이 나라를 움직이는 겁니다. 예를 들어 SNS는 부정적인 면만 언급되는데, 거기서 많은 사람이 목소리를 높이면 정부도 나쁜 정책을 강행할 수 없어요. 내가 세상을 움직이는 힘이 될 수 있으니 포기하지 않는다고 생각하는 것부터 시작하면 됩니다. 그리고 나와 같은 생각을 가진 사람이 세상에 많다고 믿어야 합니다. 예를 들어 큰 화재가 발생했다고 해봅시다. 그런데 나 혼자 양동이 들고 뛰어든다고 해서 불길을 잡을 수 있겠느냐며 팔짱 끼고 있으면 불은 더 거세게 타오르겠죠. 일단 뭐라도 해야 합니다. 그러다 보면 다른 사람들도 팔을 걷고 나설 거예요. 아무것도 하지 않으면 상황은 나쁜 쪽으로 흘러갈 뿐이죠. 희망을 버려선 안 됩니다. 여러분에게는 미래를 바꿔갈 책임이 있습니다. 무책임하고 무능한 정치가들 때문에 젊은이들이 피해를 보는 측면이 분명히 있지만, 그렇다고 미래가 꼭 불행한 것은 아닙니다. 앞으로 좋은 일은 아무것도 없을 거라고 생각하지 말고, 여러분에겐 미래를 바꿀 힘이 있다는 자신감을 가지세요.

직장인 K 어떻게 해야 그렇게 냉철한 마음을 유지할 수 있을까요? 부정과 비리를 저지른 정치가에게 면죄부를 주는 판결을 볼 때마다 분노가 일고 절망하게 됩니다. 정직하고 성실하게 살 필요가 있냐는 생각까지 들어요.

철학자 그렇다고 해서 서슴없이 부정을 저지르는 사람이 되고 싶지는 않죠? 그러리라고 믿습니다. 청년들마저 포기해버리면 미래는 정말 암울할 수밖에 없으니까요. 절망적인 상황에서는 파급효과를 기억해야 해요.

얼마 전, 회사의 지시로 장부를 조작했던 직원이 양심의 가책을 느껴 자살한 사건이 있었습니다. 아마도 그는 부당한 지시에 저항해도 자신을 지지해줄 사람이 없다는 생각에 그처럼 막다른 골목까지 떠밀려 갔을 겁니다. 하지만 저항하는 사람을 지지해주는 사람은 반드시 있습니다. 그들과 연대하면 더 큰 힘을 낼 수 있습니다.

알프레드 아들러는 공동체의 규모를 작게는 가족부터 크게는 행성까지로 봤습니다. 현재의 사람뿐만 아니라 미래의 사람까지 포함하죠. 그러니 지금

그럭저럭 지낼 수 있다고 하더라도 부정을 용인해서는 안 됩니다. 예를 들어 후쿠시마 원자력발전소 사고는 후세에게 큰 짐을 떠넘긴, 절대 용인해서는 안 되는 일이죠. 아들러가 정의하는 공동체는 최대 규모가 행성이라고 할 만큼 상상을 초월하지만, 최초의 단위는 '나와 당신'입니다. 그러니 이 단위에서부터 시작해 공동체를 점차 확대해가야 하죠. 즉 세상을 바꿀 힘이 '나'에게 있다는 얘기입니다.

아들이 어릴 때 자신이 태어나기 전에 외롭지 않았냐고 물은 적이 있습니다. 두 사람이었던 가족 공동체는 아들이 들어오면서 달라졌습니다. 새로운 공동체가 되죠. 나와 아내가 만나기 전의 공동체, 아내와 같이 살기 시작하면서 만들어지는 공동체, 그리고 아들이 태어나면서 생기는 공동체는 또 다릅니다. 그 공동체가 국가 단위로 확대될 수도 있습니다. 따라서 공동체의 시작인 '나'는 국가에 수동적으로 속해 있는 구성원이 아닙니다. 그 안에서 힘을 발휘할 수 있고, 지지하는 사람과 연대해 많은 것을 바꿀 수 있습니다. 그러나 많은 사람이 자신의 힘을 과소평가합니다. 아예 외면해버리고, 자신들이 할 수 있는 건 없다고 생각하죠. 정치가들이 노리는 게 바로 그겁니다. 정치를 외면한 채 눈앞의 일에만 신경 쓰는 것 말이죠. 그래야 정치가들이 잇속을 실컷 챙길 수 있으니까요.

근본적이면서도 아주 명쾌한 해법이 한 가지 있습니다. 바로, 선거에 참여하는 겁니다. 술자리에서 정치가 썩었니 어쩌니 하며 고함을 지르는 것보다 확실한 방법이죠. 특히 청년들이 선거에 대거 참여하면 정치가들도 더 긴장하기 마련입니다. 요즘은 사회적인 이슈에 목소리를 내기가 아주 좋은 환경이 마련돼 있죠. 바로 SNS 말입니다. 플랫폼을 통해 시위를 조직하면 순식간에 수천, 수만 명과 연결되잖아요.

직장인 C 하지만 여당이든 야당이든 다 똑같지 않나요? 게다가 갈수록 인구가 줄어드니 젊은 세대보단 중장년 세대가 항상 수적으로 우세하죠. 모든 젊은이가 선거에 참여한다면 정치가는 젊은이를 무시하지 않을까요?

철학자   어느 정당이 집권하건 똑같은 것은 아닙니다. 예컨대 헌법을 개악하려는 정당이 계속 정권을 잡는 것은 아주 위험하죠. 이럴 땐 차악을 선택하는 수밖에 없습니다. 그리고 연장자들 중에도 젊은 세대와 같은 생각을 하는 사람이 드물지 않습니다. 이분들과도 연대하는 게 중요합니다.

항상 정치를 감시하고, 의혹이 있으면 명백히 공개하라고 목소리를 내야 합니다. 선거에 참여하지 않고 정치를 남의 일로 생각하면 당신이 바라는 안전한 인생을 보낼 수 없습니다.

삶을 바꾸는 열두 번째 걸음
선거에서 한 표를 행사해 세상을 바꾼다.

도움을 청하기가 어렵다면

직장인 K 지금까지의 얘기를 요약할 때, 이 시대를 살아가려면 자신의 힘과 타인의 좋은 면을 믿어야 한다는 말씀이신가요? 그러려면 '강함'이 요구되겠군요.

철학자 전제는 맞는데, 요구되는 능력을 '강함'이라고 말하기는 좀 어렵겠네요. 주변을 보면 자기가 강하다는 걸 내세우는 사람이 종종 있는데, 꼭 허세를 부리는 것처럼 보일 때도 있어요. 역설적으로 들릴지 모르지만, 자신의 힘과 타인의 좋은 면을 믿으려면 자신의 약함을 인정하는 데서부터 출발해야 합니다. 즉, 있는 그대로의 자신을 받아들여야 한다는 얘기입니다.

반대로, 아무런 근거 없이 큰소리 치고 허세를 부리는 사람을 믿어서는 안 됩니다. 오히려 내가 무얼 할 수 있을지 의심을 품는 사람이 긴 안목으로 봤을 때 정말 강한 사람이 될 수 있습니다. 처음부터 강한 체하던 사람은 뜻대로 문제를 해결할 수 없다고 생각되면 금세 도망쳐버리죠.

아들러가 저서에서 소개한 우화가 있습니다. 세 명의 소년을 사자 우리 앞에 데려가는 이야기입니다. 세 아이 모두 사자를 처음 봤는데, 눈앞에서 사자가 막 으르렁거립니다. 어떨까요?

직장인 K   정말 무섭겠네요.

철학자   그렇죠? 무서울 겁니다. 첫 번째 소년은 무서워서 "집에 가자"라고 말했습니다. 가장 일반적이고 건강한 반응이라고 할 수 있죠. 그런데 두 번째 소년은 "멋지다"라고 했어요. 자신이 용기 있다는 것을 보여주고 싶었던 겁니다. 하지만 그렇게 말할 때 소년은 몸을 떨고 있었어요. 이 소년은 용기가 있다는 것을 과시하려 했지만, 그건 진짜 용기가 아니에요.

직장인 K　그럼 가짜 용기라는 건가요?

철학자　그렇습니다. 만용이죠. 사람이 물에 빠진 걸 보고, 헤엄칠 줄도 모르면서 강에 뛰어드는 사람은 만용을 부리는 것일 뿐 용감한 게 아닙니다. 헤엄치지 못하면 강에 뛰어들어선 안 됩니다. 헤엄칠 줄 아는 사람을 부르러 달려가는 게 가장 좋은 대응책이죠. 무서울 때 무섭다고 말하지 않고, 남들에게 도움을 청하지 않는 건 진짜 용기가 아닙니다. 무서운 것을 인정하는 자세가 오히려 용기 있는 자세입니다.

세 번째 소년은 뜬금없지만, "사자한테 침을 뱉어도 돼?"라고 했어요. 허세를 부린 겁니다. 실제로는 무서운데 허세를 부리는 것으로 공포심을 감추려는 것이죠. 어떤 상황에서도 적극적이고 긍정적으로 극복할 수 있는 강함이 필요하다고 말하는 사람은 허세를 부리는 소년과 똑같습니다.

역설적으로 들릴지 모르지만, 먼저 자신은 강하지 않다는 것을 인정할 수 있는 사람이 진짜 용기를 갖고 있는 것입니다. 그래서 할 수 있는 것과 할 수 없는 것을 가려내는 것이 중요합니다. 스토아 철학에서는 자신이 통제할 수 있는 것과 통제할 수 없는 것을 구분하는 것이 중요하다고 했습니다. 여기서 통제할 수 있다는 건 자신의 힘이 미친다는 걸 뜻하죠. 즉, 자신이 어떻게 해볼 수 있는 영역이라는 얘깁니다. 자신이 할 수 없다면 도움을 청해야 합니다.

학생 H 누가 도와주면 다행스럽고 고맙잖아요. 왜 도움을 청하지 못할까요?

철학자 그런 행동이 창피하다고 생각하기 때문입니다.
예를 들어 정치가가 한자를 틀리게 읽은 것을 한심하다고 생각하는데, 한자를 틀리게 읽는 행동 자체는 창피한 일은 아닙니다. 모르면 공부하면 되죠. 그런데 허세를 부리는 사람은 남에게 배우는 것을 창피하게 생각하기 때문에 모른다고 말하기보다 오히려 지적을 당하면 화를 내고 맙니다. 자신이 할 수 없는 것은 할 수 없다고 솔직히 말하는 것은 커다란 강점입니다. 다시 말해 허세 부리지 않고 자신에게 솔직하면 살면서 부닥치는 많은 어려움을 비교적 수월하게 이겨낼 수 있죠.

갈수록 심각해지는 기후변화 같은 문제도 혼자 힘으로는 어렵지만 많은 사람이 힘을 합하면 조금씩 상황을 좋은 방향으로 바꿀 수 있습니다.

그런데 어차피 안 된다고 단정한 채 아무것도 하지 않는 사람이 있죠. 아들러는 이를 '모 아니면 도'라고 표현했는데, 전부가 아니더라도 조금이나마 고쳐나갈 수 있다면 좋지 않겠어요?

학생 H 저도 동감입니다. 당장 눈에 보이는 결과만 중시할 게 아니라 조금씩 나아지는 데 중점을 두면 결국에는 많은 것을 바꿀 수 있을 테니까요.

철학자 초조해하지 말아야 합니다. 최고치가 100이라고 할 때 50을 이루든 60을 이루든 괜찮아요. 처음에는 20밖에 이루지 못했더라도 노력하면 할 수 있는 일들이 늘어납니다.

삶을 바꾸는 열세 번째 걸음
약한 자신을 인정하고 필요하면 도움을 청한다.

타인의 평가가 너무나 신경 쓰인다면

학생 H 결국 자기 축, 즉 자신을 중심으로 살아야 한다는 말씀이네요. 그런데 주변에는 타인을 중심에 두고 살아가는 사람이 많은 것 같아요. 남 얘기가 아니라 제가 그랬어요. 저는 중학교 때 테니스부였는데 시합에서 질 것 같으면 매번 배가 아팠어요.

철학자 꼭 이겨야 한다고, 지는 건 실패라고 생각했기 때문일 겁니다. 학교에서 그렇게 교육하니까요. 하지만 모든 경기를 이기는 팀이 존재할까요? 만약 그렇다면 뭐하러 대회 같은 걸 하겠습니까? 질 수도 있다는 걸 인정하고, 할 수 없는 긴 할 수 없나고 인정할 줄 알아야 합니다. 잘못을 저질렀다면 바로잡을 줄도 알아야 하고요. 지금 사회는 그렇게 돼 있지 않아요. 일단 어른들이 그렇게 하지 못합니다. 나라의 수장조차 언행일치가 전혀 안 되잖아요.

학생 H 어떤 일에 실패하면 주위 사람들이 혹평을 하는데, 그런 취급을 받으면서 자신감을 유지하는 건 상당히 어려운 일이에요.

철학자 타인의 평가는 자신의 가치나 본질과 아무런 관계가 없습니다. 때때로 어른들은 "이런, 아무짝에도 쓸데없는 녀석 같으니"라고 꾸짖기도 합니다. 그러면 정신 차리고 더 노력할 거라고 생각하면서 말이죠. 하지만 그런 말을 들으면 정신이 퍼뜩 들던가요? 오히려 내가 형편없는 인간이라고 생각하기가 쉽지 않은가요? 그런 평가가 사람의 가치를 바꾸는 건 아니라는 걸 알아야 합니다.

학생 H 그래도 수시로 지적을 받으면 의기소침해져요.

철학자 그건 회사나 상사의 평가일 뿐입니다. 그 평가로 자신의 가치가 떨어지는 것은 아니에요. 그저 그 회사나 상사에게 맞지 않는 것일 뿐이죠.

지인 중에 입사하자마자 베스트셀러를 탄생시킨 편집자가 있습니다. 이야기를 들어보니 그곳에 입사하기 전 여러 회사에서 면접을 봤는데 모두 탈락했다더군요. 보는 눈이 없는 회사가 많았다는 거죠.

또 만일 회사가 안목을 갖췄다면, 몇 년 동안 눈에 띄는 성과를 내지 못했다고 하더라도 직원을 해고하지는 않을 겁니다. 미래의 가능성까지 본다면 말이죠.

쓸모없다는 말을 들으면 기분은 안 좋지만, 그것이 꼭 정당한 평가는 아니라는 것을 알아야 합니다. 어딘가에는 자신의 힘을 알아보는 사람이 있기 마련입니다. 그때까지 능력을 더욱 갈고닦으면 되는 거죠.

직장인 C   회사의 방침과 제 생각이 다를 때는 어떻게 해야하나요?

철학자   제가 전해 들은 사례가 하나 있습니다. 자신의 능력이니 희망과는 관계없이, 입사하면 꼭 특정 부서의 일을 해야 하는 출판사가 있는데요. 지인이 이

곳에 입사해 몇 년이 지나서야 겨우 편집부로 발령이 났어요. 거기서 몇 권의 책을 열심히 편집했는데, 회사 방침에 따라 다른 부서로 이동하게 됐습니다. 처음에 그 사람은 자신의 노력이 제대로 평가받지 못한다고 느꼈어요. 하지만 다음 기회를 노려야겠다고 마음먹고, 부서 이동에 따랐어요. 그리고 금방 새로운 기회를 만들었어요. 새 부서에서는 해외 판권을 사 오는 업무를 담당하게 됐는데, 학생 때 배운 중국어를 드디어 써먹게 됐다는군요. 그러다 보니 원래 희망했던 편집 업무는 아니지만 판권 계약 업무도 재미있어졌다고 해요.

학생 H 타인의 평가에 일희일비할 필요는 없다는 말씀이시죠? 그런데 한편으로는 자신감이 지나쳐 오만해지거나, 자신의 문제점을 돌아보지 않게 돼버리진 않을까 싶기도 해요.

철학자 저는 이런 이야기를 자신을 낮게 평가하는 사람에게만 합니다. 10여 년 전에 《미움받을 용기》라는 책을 썼는데, 그 후로 '미움받을 용기'라는 말이 유행어가 됐어요. 그런데 이 말의 의도를 완전히 오해하는 사람들이 있는 걸 보고 깜짝 놀랐습니다. 일테면 남들에게 미움받을 언동을 해도 된다는 식으로 알고 있더군요.

다른 사람의 기분을 생각하지 않는 오만한 사람은 '미움받을 용기'라는 말을 들었을 때 '말하고 싶은 것은 뭐든 말하는 것이 좋다', '다른 사람이 뭐라고 하든 자기 생각을 끝까지 주장하면 된다'라는 식으로 해석해버립니다. 하지만 그런 사람에게는 애초에 '미움받을 용기'가 필요하지도 않고 가져서도 안 됩니다. 앞서 말했듯이 자신을 낮게 평가하는 사람, 즉 지금껏 타인 중심으로 살아온 사람에게 하는 말입니다. 이런 사람들은 자기 말을 제대로 할 수 있는 용기를 키워야 합니다. 그래야 타인이 내 인생을 결정하게 두지 않을 수 있어요. 내 주장을 하면 마찰이 생기기 마련이지만, 미움받는 것을 두려워하지 마세요.

미움받을 용기의 대전제는 겸손해야 한다는 것입니다. 자신도 잘못할 수 있다는 것을 항상 인지해야 해요. 따라서 근거 없는 자신감을 가져선 안 됩니다. 자신감이 없는 사람은 대체로 그런 착각을 하지 않겠죠. 다만, 만나는 사람 전부가 자신의 특정 단점을 지적한다면 타인의 평가가 맞을 수 있음을 인정하고 스스로 돌아볼 필요는 있습니다. 타인의 평가로 당신의 근본적인 가치는 변하지 않지만, 항상 자기 본연의 모습을 돌아보기 바랍니다.

삶을 바꾸는 열네 번째 걸음
나의 가치는 남들의 평가로 흔들리는 게 아님을 깨닫는다.

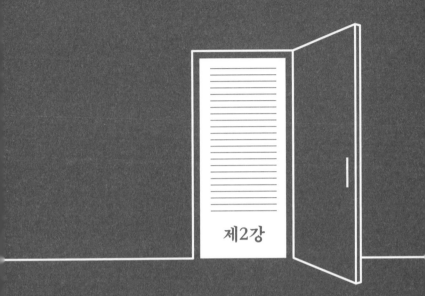

제2강

삶이 불안하고 막막하다면

불안을 어떻게 다뤄야 할까

직장인 K   문제투성이인 세상을 살아가야 한다고 생각하면 불안과 두려움이 밀려옵니다. 그런 감정에는 어떻게 대처해야 할까요?

철학자   우선, 두려움과 불안의 정체를 확인할 필요가 있습니다. 어떨 때 불안을 느끼나요?

직장인 K   앞날을 생각하면 불안합니다. 좋은 사람과 결혼할 수 있을까, 정년까지 일할 수 있을까, 노후에 연금은 받을 수 있을까 등요. 병에 걸려 고생하다가 죽는 건 아닐까 하는 생각도 들어요. 그런 생각에 한 번 사로잡히면 불안해서 견딜 수가 없습니다.

철학자   그건 이해합니다. 하지만 모든 사람이 그런 불안을 느끼는 건 아니에요. 아들러는 불안에는 목적이 있다고 봤습니다.

직장인 K 원인이 아니라 목적이요?

철학자 네, 차근차근 설명해볼게요. 두려움과 불안은 한데 묶을 수 없습니다. 두려움에는 명확한 대상이 있어요. 그에 비해 불안에는 대상이 없고, 때로는 막연히 느껴지는 감정입니다. 즉 앞날에 대해 느끼는 건 두려움이 아니라 불안인 거죠. 두려움을 느낄 때의 예로는 지진이 발생해 발밑이 흔들릴 때를 들 수 있습니다. 두려움을 느낄 때는 곧바로 행동이 따릅니다. 몸이 굳어서 꼼짝 못 할 수도 있지만, 벗어나려고 노력하는 게 보통이죠.

반면 불안은 대상이 명확하지 않습니다. 따라서 어떤 행동을 취하게 되지 않아요. 오히려 아무것도 하지 않는 게 보통입니다. 달리 말하면 불안에는 대상이 없어도 된다고 할 수 있죠.

직장인 K 조금 전 제가 말한 것은 명확한 이유라고 할 수 없나요? 대상이 없어도 된다는 게 무슨 뜻인지 잘 모르겠어요.

철학자 대상이 뭐든 상관없다는 의미입니다. 없어도 되지만 뭐라도 있는 쪽이 자신도 타인도 알기 쉽겠죠. 미래의 죽음을 떠올렸을 때 불안해지기도 하지만, 과거에 경험한 일이 떠올라 불안해질 때도 있습니다. 이를 흔히 트라우마라고 하는데요, 예컨대 실연으로 가슴앓이를 심하게 했던 사람은 나중에 좋아하는 사람이 생겨도 또 상처 입지 않을까 불안해합니다.

학생 H 저는 새로 연애를 시작하면 기분이 좋아지는데요? 이번에야말로 멋진 사람을 만날 수 있다고 생각하면 가슴이 설레요.

철학자 똑같은 일을 경험해도 그것을 어떻게 받아들이느냐는 사람마다 다릅니다. 실연 때문에 다시는 연애를 하지 않겠다고 생각하는 사람은 상처 입을지 모른다는 불안을 느낌으로써 연애라는 과제에서 도망치는 겁니다. 그러면서도 불안을 느끼는 건 트라우마가 있기 때문이라는 식으로 말하죠.

연애만이 아닙니다. 일에서 불안을 느끼는 사람은 그 과제에서 도망치려고 불안을 내세웁니다. 불안해서 도망치는 것이 아니라 도망치기 위해서 불안해지는 거죠. 불안에는 목적이 있다는 말이 이런 뜻이에요.

직장인 C 직장에서 그런 예를 흔히 볼 수 있나요?

철학자 저는 그렇다고 봅니다. 일에서 벗어나려고 사직서를 쓰는 사람이 드물지 않잖아요. 일을 그만두면 먹고살 수 없기에 정작 사직서 제출까지 가진 않지만 승진에서 누락되진 않을까, 월급이 깎이진 않을까, 똑같은 일을 언제까지 반복해야 하나 등을 생각하다가 자포자기 상태가 되는 사람들이 종종 있습니다.

직장인 C 지금 같은 시대에 똑같은 일을 반복하는 경우는 거의 없지 않은가요? 눈이 팽팽 돌 만큼 세상이 빠르게 변화하니 말이에요.

철학자 저도 그렇게 생각합니다. 하지만 결단이 항상 합리적인 근거에 기반을 두는 건 아니거든요. 불합리한 결단에 대해 자신과 주위 사람을 이해시키기 위해서 불안이라는 이유를 만들어내야 하는 겁니다. 현실적이고 구체적인 이유를 대면 반대에 부딪히기 쉽지만, 불안을 이유로 제시하면 주변 사람들도 어떻게 대응해야 할지 잘 모르게 됩니다. 너무 막연하니까 이렇게 해라, 저렇게 해라 식으로 조언하기 어렵죠. 그래도 일을 그만둔다는 결심을 할 때는, 아들러의 말을 빌리면 '주저하는 태도'를 취합니다. 당장 일을 그만두는 행동은 하지 않는 겁니다. 앞으로 어떻게 될지 모른다는 것을 불안의 원인이라고 생각하는 사람이 있는가 하면, 과거의 경험을 꺼내는 사람도 있습니다. 그때와 똑같은 실패를 할지 모른다고 생각해 불안해지면 그 불안을 일을 그만두는 이유로 삼죠. 불안의 원인은 뭐든 상관없습니다. 부모 말대로 의대에 진학해 의사가 되겠다고 인생 설계를 한 사람이 실제로 어떤 문제도 느끼지 않고 그 길을 가기도 합니다. 그런데 자신의 인생에 한번 의문을 품기 시작하면, 이전처럼 아무것도 생각하지 않고 살 수 없게 되죠. 이럴 때, 부모가 깔아놓은 레일을 따라 사는 것은 그만두겠다고 분명하게 결단할 수 있다면 이야기는 간단합니다. 하지만 인생에서는 성공하는 것이 중요하다는 세속적

인 가치관도 버리기 어렵다면 앞으로 어떻게 살아
야 할지 결정하기 어려워지죠. 그러는 동안 불안이
라는 감정이 필요해지고, 장래가 불안해지면 적극
적으로 살려 하지 않게 됩니다.

직장인C 불안을 느끼는 것은 자신이 마주해야 하는 과제에
서 도망치고 싶어서라는 말씀이군요.

철학자 그렇습니다. 따라서 대상이 막연해도 되는 거죠.
그냥 불안한 겁니다. 굳이 뭐냐고 물으면 장래의
일이라는 식의 막연한 대답밖에 나오지 않죠.

직장인C 그럼 두려움은 무엇인가요?

철학자 기본은 거의 똑같습니다. 두려움의 목적은 직면한
문제에서 당장 도망치는 것입니다. 산책을 하는데
커다란 개가 쫓아오면 뒤도 안 보고 도망가듯이
말입니다.

직장인K 도망칠 때 개에 대한 두려움을 이유로 삼는 거군요.

삶을 바꾸는 열다섯 번째 걸음
불안을 내세워 과제에서 도망치려 하지 않는지 돌아본다.

불안을 역으로 이용할 수 있을까

직장인 K 저는 대학생 때 뉴질랜드에서 유학한 적이 있어요. 2011년이었는데 동일본 대지진 때문에 후쿠시마에서 피난 온 사람이 있었습니다. 그 사람도 과제에서 도망쳤다고 할 수 있나요?

철학자 자신의 과제에서 도망친 것은 아닙니다. 불안을 느꼈을 수도 있지만, 불안을 만들어내는 목적이 달라요. 보통 사람은 불안을 느끼면 자신이 직면해야 하는 과제에서 도망칠 뿐 아니라, 도망친다는 목적을 위해 불안이라는 감정을 만듭니다.

지진과 쓰나미, 원자력발전소 사고에 우연히 맞닥뜨리게 된 그 사람도 당연히 앞으로의 일 때문에 불안해졌겠지요. 하지만 그 불안이라는 감정이 목적이 아닌 수단으로 작용했고, 새로운 인생을 살자고 결심한 겁니다. 이것은 도망이 아닙니다. 이 이야기에서 알 수 있는 것은 마음이 두 단계로 움직인다는 겁니다.

직장인K 처음에는 도망치고 싶어서 불안과 공포를 느낀다는 거죠?

철학자 그렇습니다. 보통은 그래요.

직장인K 하지만 그 후 어떻게 하느냐는 사람에 따라 다르다는 거고요.

철학자 맞습니다. 불안을 느낀 이상, 그 대상한테서 도망치기는 사실상 어렵습니다. 그러니 불안을 느낄 필요가 없다고 조언해줘도 불안의 한복판에 있는 사람에게는 전혀 와닿지 않죠. 불안이라는 감정을 무엇으로 향하게 하느냐가 문제입니다. 불안을 느끼는 것이 잘못된 것이 아니라, 그 감정을 보다 건설적인 목적을 위해 쓸 수 있느냐를 생각해야 한다는 얘기예요.

이번에는 공포 이야기를 해볼까요? 예전에 롤러코

스터를 탄 적이 있는데, 급강하 구간에서 엄청난 공포를 느꼈어요. 도망치고 싶었지만 그럴 수도 없었죠. 그래서 이렇게 생각했습니다. '어쨌든 레일을 다 돌면 끝날 거야.' 공포가 일어나거든 그 감정을 어떻게 하려 하지 말고 그대로 놔두라는 얘기입니다.

직장인 K   그대로 공포를 계속 느껴야 하나요? 결국은 참는 수밖에 없다는 말씀인가요?

철학자   참는다고는 하지 않았습니다. 참는다는 것은 어떻게든 해보려는 거죠. 하지만 불안과 공포는 한번 일어나면 어떻게 해볼 수가 없습니다. 예를 들어 구름 한 점 없이 맑게 펼쳐진 하늘을 올려다보고 있는데, 순식간에 먹구름이 몰려와 비가 쏟아진다고 해봅시다. 그 구름을 어떻게 해볼 수 있나요? 그냥 흘러가는 대로 둘 수밖에 없죠. 그러면 머지않아 날이 개고 푸른 하늘이 나타날 거예요.

 삶을 바꾸는 열여섯 번째 걸음
불안과 싸우지 않고 흘러가게 둔다.

불안할 때 도망쳐도 될까

직장인 C 사람이 불안과 공포에 빠졌을 때 가장 좋지 않은 것은 무엇인가요? 도망가거나 아무것도 하지 않는 것일까요?

철학자 아들러는 신경증과 신경질을 다음과 같이 구분합니다.

신경증인 사람들은 과제에 맞닥뜨리면 멈추는 반면, 신경질인 사람은 멈추지는 않지만 걸음이 느려지고 앞으로 나아가길 주저한다고 말이죠. 과제에서 도망치려 한다는 점은 같습니다. 아들러는 신경증적 라이프 스타일이라고 표현합니다. 도망은 인생의 과제에 맞서는 자세이기도 합니다. 도망치기 위해 이유가 필요한데, 그것이 공포와 불안입니다. 이유도 없이 과제에서 도망치려고 하면 주위 사람도 인정해주지 않을뿐더러 스스로도 받아들일 수 없겠죠. 그런 경우 신경증이나 정신병이 아니어도 병을 이용합니다. 아이가 학교에 가기 싫을 때 갑자기 아프다고 호소하는 게 알기 쉬운 예입니다. 대부분 부모가 꾀병이라고 생각하지만, 꼭 그렇진 않아요. 거짓말을 하는 것이 아니라 정말 증상이 나타납니다. 아들러는 이것을 '증상을 만들어낸다'라고 표현합니다. 호흡기가 약한 아이는 천식 증상이 나타나고, 위장이 약한 아이는 복통을 느끼는 식으로 자신의 신체 기관 중 가장 약한 곳을 이용하는 경우가 보통이라고 아들러는 말합니다.

한번은 우리 아이가 아파서 학교를 쉬고 싶다고 하더군요. 저는 기본적으로 학교에 갈 것인지 말 것인지는 아이가 결정할 문제라고 생각해서 개입하지 않습니다. 그냥 아이의 증상을 선생님께 알려주는 역할을 할 뿐이죠.

제 이야기의 핵심은 그 다음 단계입니다. 일단 선

생님과 연락을 취하고 난 후에는 아이에게 증상을 만들어낼 필요가 없다고 이야기해줍니다. 네가 오늘은 학교에 가지 않겠다는 결정을 했으니 그것으로 충분하고, 가지 않을 이유를 만들기 위해 머리가 아프거나 배가 아플 필요가 없다고 말이죠. 그렇게 설명하면 아이의 증상은 차츰 사라집니다.

직장인 C 도망치는 것은 일반적으로 좋지 않다고 여기잖아요. 그래서 자신도 타인도 이해할 수 있는 이유를 만들어낸다는 거로군요. 저도 출근하기 싫은데 결근은 하면 안 된다는 생각에 억지로 집을 나서는 날이 있습니다.

철학자 도망치는 건 부끄러운 일이라고 생각하기 때문이죠. 그런데 저는 때때로 과제에서 도망치거나 망설여도 된다고 생각합니다. 단지 그 선택을 하기 위해서 불안이라는 감정을 이용할 필요는 없다고 말하고 싶어요.

직장인 K 공포나 불안을 느끼는 것은 생명을 지키기 위한 방어 본능이기도 한 것 같아요.

철학자 그런 측면도 있습니다. 공포를 느끼면 위험에서 도망치려 하죠. 당장 도망친다는 결심을 행동으로 옮기도록 공포를 만들어내는 겁니다. 도망치지 않으면 사고에 말려드는 경우도 종종 있으니, 가끔은 거의 본능적인 공포심이 필요하기도 합니다.

학생 H 하나 더 여쭤도 될까요? 저는 부모님이나 선생님께 꾸중을 들으면 머릿속이 새하얘지곤 해요. 우리의 본능적 공포에는 생명을 지키는 역할도 있다고 생각하는데, 반면에 공포 때문에 꼼짝 못 하는 경우도 있지 않나요?

철학자 그렇죠. 공포가 극심해서 도망치지 못하고 말 그대로 얼어붙을 때도 있어요. 그런 상황을 예방하는 방법은 '이럴 때는 이렇게 한다'라고 몇 가지를 미리 정해두는 겁니다. 자신이 공포에 사로잡혔다고 생각될 때 그 지침을 떠올려 행동으로 옮기는 거죠.

 삶을 바꾸는 열일곱 번째 걸음
감정과 증상을 핑계로 삼지 않고 과제에 어떻게 대처할지 생각한다.

삶에서 평정심을 유지하려면

직장인 C 불안이나 공포를 느끼지 않고 늘 평상심을 유지하려면 어떻게 해야 할까요?

철학자 항상 평정심을 유지할 필요는 없습니다. 어떤 일이 닥쳐도 평상심을 잃지 않는다는 것은 지나치게 이상적인 이야기입니다.

새 불안과 공포는 누구나 느낄 수 있는 감정이므로, 절대 느껴서는 안 된다고 생각하지 않는 것이 오히려 마음이 편합니다. 누구든 이따금 마음이 흔들리고 불안을 느끼죠. 그런 자신을 받아들이는 수밖에 없습니다.

직장인 C 불안과 공포에 지나치게 얽매이지 말고, 있는 그대로 자연스럽게 감정이 흐르게 두면 된다는 말씀인가요?

철학자 그렇습니다. 하지만 이성적으로 생각을 해야만 하는 경우가 있습니다. 아무것도 생각하지 않는다거나 무심한 것이 무조건 좋은 것은 아닙니다.

확실히 우리는 언제 불안을 느껴도 이상하지 않은 상황에 있습니다. 정체를 알 수 없는 바이러스가 전 세계인의 삶을 틀어쥐고 있으니 말입니다. 점차 상황이 나아지겠지만, 언제 확실히 퇴치할 수 있을지 누구도 장담하지 못하는 상황이죠.

아무런 대처를 하지 않아도 수습될 거라는 사람이 있는데, 그렇지는 않을 겁니다. 아무것도 하지 않고 저절로 해결되기만 기다리는 건 현실로부터 도망치는 일이라고 할 수 있죠.

지금 우리가 할 수 있는 일은 무엇이 일어나는지 정확히 확인하는 겁니다. 그러려면 현실을 직시해야 합니다.

그 때문에 불안해질 수도 있겠지만, 그 안에서 분명 희망을 찾을 겁니다. 지금 일어나는 일에서 눈을 돌리지 않고 정확히 마주하면 머지않아 불안은 줄어듭니다. 불안 자체가 사라지지는 않겠지만, 불안해하지 않아도 된다는 것을 알게 되죠. 오히려 안전하지도 않은데 안전하다고 생각하는 것이 가장 위험합니다. 팬데믹 초반에는 이 전염병을 그저 감기 같은 것이라고 말하는 사람들이 있었죠. 마스크도 필요 없고 격리 조치가 인권을 억압하는 거라면서요. 하지만 결국 많은 사망자가 나오지 않았습니까?

학생 H 팬데믹 초기에는 어느 쪽 주장이 맞는지 혼란스러웠어요. 그런데 지금 와서 생각해보면 그런 안이한 주장이 일을 더 키운 것 같아요. 마치 귀신의 집에서 무섭다고 눈을 감아버리는 아이처럼 현실을 보지 않고 눈을 감아버린 거죠.

철학자 앞으로도 새로운 사실이 차례차례 밝혀질 겁니다. 현실을 정확히 인식하고, 그런 후에 어떻게 대처할지 생각해야 합니다.

본래 우리 인생은 앞이 보이지 않습니다. 지금보다 더 심각한 일이 발생할 수도 있죠. 그렇더라도 현실을 직시하는 데서 출발하면 현명하게 대처할 수 있으리라고 믿습니다.

 삶을 바꾸는 열여덟 번째 걸음

어떤 일이 일어나고 있는지 똑똑히 인식하면 희망이 보인다.

인간관계 안에서 만들어지는 불안들

철학자　불안에 대해 또 하나 생각해야 할 것이 있습니다. 불안은 마음속에서 저절로 생기는 현상이 아니라 인간관계 안에서 생긴다는 겁니다. 사람은 관계를 맺고 살아가며, 불안은 누군가에게 향하는 감정입니다. 그 누군가를 아들러는 '상대역'이라고 했습니다. 분노도 마찬가지입니다. 화를 내서 사람을 움직이려고 하죠.

직장인 K　사람을 움직인다는 것은 어떤 의미인가요?

철학자　불안해하는 사람을 그냥 내버려 두진 않잖아요. 어떻게든 보살펴주려고 하죠. 또 자신에게 화를 내는 사람이 있으면 무서워서 그의 말을 들어주기도 하고요. 이처럼 다른 사람이 뭔가를 하게 한다는 뜻입니다.

직장인 C   제가 다니는 직장에도 걸핏하면 화를 내서 다들 무서워하는 사람이 있습니다. 그런데 화를 낼 때 그런 목적을 의식할까요? 갑자기 발끈하는 게 아닐까요?

철학자   네, 아들러는 '계획적'이라고 표현했습니다. 화가 나면 충동적으로 물건을 부수는 사람이 있는데, 자신이 정말 소중히 여기는 물건은 부수지 않아요. 술을 마시고 난장판을 만든 사람이 너무 취해서 아무것도 기억나지 않는다고 하는 말 역시 거짓말입니다.

학생 H   어릴 때, 한밤중에 잠에서 깼는데 옆에 부모님이 없어서 운 적이 있어요. 불안에는 목적이 있다고 하셨는데, 그때 저에게는 어떤 목적이 있었을까요?

철학자   그때는 의식하지 못했겠지만, 지금 생각해보면 알 수 있을 겁니다.

학생 H   부모님을 부르려고 그랬던 걸까요?

철학자   그렇습니다. 그럼 왜 불안해졌을까요?

학생 H   부모님이 옆에 없어서겠죠.

철학자   그렇지 않습니다. 울기 위해서입니다.

학생 H   울기 위해서 불안해지고, 부모님을 부르기 위해서 울었다는 건가요?

철학자   그렇습니다. 부모는 아이가 울면 절대 모른 체하지 않아요. 얼른 달려가 열심히 달래주죠. 그러면서 왜 울었느냐고 물으면 아이는 깜깜해서 그랬다고 답할지도 모릅니다. 하지만 정말 그럴까요? 깜깜해서 울었다면 일어나 불을 켜면 됩니다. 하지만 불을 켜도 불안은 해소되지 않아요.

여기서 원인과 결과를 살펴봐야 하는데요. 당신이 불안을 느낀 것은 어둠 속에 자신을 혼자 재운 '원인' 때문이 아니라, 부모가 자기를 보살피게 하려는 '목적' 때문입니다. 부모가 자신을 돌보도록 불안이라는 감정을 만들어냈다는 얘기입니다.

불을 켜서 방이 환해져도 아이는 부모에게 찰싹 달라붙죠. 환해졌든 아니든 여전히 부모의 보살핌을 바라고 있으니까요. 불안의 목적을 생각하면 아이의 행동을 이해할 수 있습니다. 불안을 만들어내는 구조를 이해하면 울지 않아도 된다는 것을 알겠죠?

학생 H 그럼 어떻게 해야 하죠?

철학자 그때 당신은 무엇을 바랐나요?

학생 H 부모님이 옆에서 같이 자줬으면 했어요.

철학사 그럼 그렇게 말하면 되는 거예요. 10년이 넘도록 집에만 틀어박혀 사는 젊은이가 있었습니다. 어머니가 상담받으러 집을 나서려고 하면 불안하다고 호소합니다. 그사이 자기는 죽을지도 모른다고 말하죠. 이 젊은이가 안고 있는 이 불안의 목적은 명확합니다. 어머니가 자기 곁을 지키게 하는 거죠. 하지만 부모가 가까이 있어 주기를 바란다면 같이 있어 달라고 말하면 됩니다. "오늘은 상담받으러 가지 말고 같이 있어 주세요"라고 말로 표현할 수 있으면 불안이라는 감정을 느낄 필요가 없습니다.

 삶을 바꾸는 열아홉 번째 걸음
타인을 감정으로 통제하려 하지 않고 말로 표현한다.

세상의 상황이 절망스러울 때

직장인 K 부모라면 대부분 자식의 부탁을 들어주겠지만, 사회에서 만나는 대부분 사람이 꼭 그러리라는 보장은 없죠. 상대가 응해주지 않는 경우에는 어떻게 해야 하나요?

철학자 부모도 들어주지 않을 수 있습니다. 어린 자식을 방치할 수는 없지만, 자식이 성인이 되면 부모도 일일이 받아주지 않죠. 그런데 부모가 아니라면 더더욱 부탁을 들어주지 않을 겁니다. 타인은 자신의 기대에 응해주기 위해서 사는 것이 아니니까요. 우선 이 점을 인정해야 합니다.

직장인 K 개인 차원이 아니라 사회 차원에서 생각해보면 좋겠어요. 부패한 정치를 바꿀 '목적'으로 불안해하고, 그래서 국회 앞에서 시위를 했다고 가정해볼게요. 그런데 정부는 아예 귀를 닫고 반응하지 않아요. 그러면 절망적인 기분이 들지 않을까요?

철학자 부패한 정치에 불안을 느끼는 것은 저도 마찬가지입니다. 지금의 정치에서는 불안밖에 느낄 수 없어요. 하지만 불안과 분노를 느끼는 것만으로는 아무것도 달라지지 않으니, 단순히 감정을 느끼는 데서 한 걸음 더 나아가 좀 더 건설적인 방법을 찾아야 합니다.

지금 할 수 있는 것은 막연히 불안과 분노를 느끼는 것이 아닙니다. 먼저 무엇이 일어나고 있는지 현상을 정확히 분석하고, 그런 후에 자신은 무엇을 할 수 있는지 곰곰이 생각하고, 필요하다면 행동으로 옮기는 것입니다.

학생 H 우리가 해야 할 일은 갓난아기가 우는 것과는 다르다는 말씀이군요.

철학자 당연히 그렇죠. 정치적 시위를 하는 것은 부모에게 울음으로 호소하는 아이의 행동과는 다릅니다.

시위를 해도 의미가 없으니 투표나 제대로 하라고 말하는 어른들도 있습니다. 물론 투표는 해야 하죠. 하지만 시위를 해도 의미가 없다는 말은 틀렸다고 생각합니다. 많은 사람이 목소리를 내면 상당한 효과를 거둘 수 있거든요. 최근 전염병의 확산으로 많은 사람이 모이기 어려워지자 인터넷상에서 시위가 이뤄졌고, 그 결과 정부의 방침이 바뀐 사례가 있습니다.

잠자코 있으면 국가는 움직이지 않습니다. 앞서도 말했듯이, 한 사람의 힘은 큽니다. 개개인이 목소리를 내는 것은 아이가 우는 것보다 훨씬 힘이 있고 효과가 있습니다.

직장인 K 그럴지도 모르겠어요. 하지만 코로나19 사태에 대한 정부의 대응에는 진절머리가 나요. 국민의 목소리를 완전히 외면했잖아요. 이 나라의 정치는 갈수록 더 나빠지는구나 하는 절망적인 기분이 들었습니다.

철학자 1968년에 학생들이 부패한 정치에 저항하기 위해 치열하게 시위를 벌인 일이 있습니다. 도쿄대학교에서 시작된 학내 투쟁이 전국으로 확산됐고, 결국엔 그해 졸업식과 다음 해 입시가 중단되기까지 했죠. 그런 일이 더는 없을 거라고 생각하면 저도 절망적인 기분이 듭니다. 부당한 일을 보거나 당하고도 왜 다들 입을 꾹 다물고 살아가는지 회의가 들어요.

직장인 C　부패한 정치에 저항하기 위해 무력을 행사하는 것도 한편으로는 나쁜 것 아닌가요?

철학자　애초에 사람들이 그런 방법까지 생각하지 않아도 되는 정치를 해야 해요. 폭력 시위를 하게 하는 정치가에게 문제가 있습니다. 그런데도 자신을 돌아보지 않고 반기를 드는 사람들을 억압하는 것은 잘못된 거죠. 어쨌든 우리가 목소리를 내지 않으면 정치가들은 무엇이든 해도 괜찮다고 생각합니다.

학생 H　무엇이 일방적인 주장이고 무엇이 정당한 주장인지 잘 구별하지 못하겠습니다. 갓난아기처럼 울부짖는 것인지, 현실을 바꾸기 위해 능동적으로 행동하는 것인지 말입니다. 이를 구분하는 방법이 있나요?

철학자   관심을 두는 지점이 어디냐가 가장 중요한 포인트입니다. 물론 법을 어기면서까지 해서는 안 되지만, 주장하는 바가 단순히 자신만을 위해서가 아니라 모두를 위해서라면 정당하다고 할 수 있죠.

갓난아기는 울어야만 생존할 수 있습니다. 배가 고프다는 것을 부모에게 알릴 방법이 그것밖에 없으니까요. 갓난아기가 우는 건 자신을 위해서입니다. 그런데 시위를 통해 목소리를 내는 건 대체로 자신만을 위해서가 아니라 더 많은 사람을 위해서라고 볼 수 있죠.

학생 H   그렇다면 자신의 이익을 위해서 시위에 참가하는 건 이기적인 건가요?

철학자   글쎄요. 시위를 하는 건 우선 자신의 이익을 위해서가 아닐까요? 하지만 목소리를 냄으로써 자신을 포함해 많은 사람의 환경이나 조건이 개선된다면 그건 이기적인 행동이라고 볼 수 없겠죠.

오히려 자신의 이익만 우선해서 아무 행동도 하지 않는 사람이 이기적이라고 생각합니다. 예를 들어 시위에 참가했다는 사실이 알려지면 직장을 구하기 어려워진다는 생각에 겁을 먹는 청년들이 많잖아요. 물론 정부나 기업 입장에서는 그런 사람이 고맙겠죠. 또 시위라면 무조건 반대하고 보는 어른들도 있습니다. 세상 물정 모르는 아이들이 아무것도 모르고 시끄럽게 군다는 거죠. 그런 영향을 받아 시위를 부정적으로 보는 젊은이들도 늘어났습니다. 그렇게 되면 세상은 살기 힘들어질 수밖에 없습니다. 외면했던 일들이 돌고 돌아 자신에게 나쁜 영향을 주게 됩니다. 당장 먹고살기 힘들기 때문에 나서지 않는 이들이 많아지면서 세상의 흐름이 좋지 않은 방향으로 가는 것은 안타까운 일입니다.

 삶을 바꾸는 스무 번째 걸음
자신과 세상을 위해 목소리를 낸다.

절망과 불안의 차이는 뭘까

학생 H 어렵네요. 확실히 젊은 세대가 둘로 갈라지고 있어
     요. 목소리를 내는 쪽이든 반대 쪽이든 절망을 느
     낀다는 공통점이 있는데요. 절망은 불안이나 두려
     움과 다른 건가요?

철학자 절망은 두려움과 불안의 종착지입니다. 불안과 두
     려움은 회복의 여지가 있어요. 그래서 어느 날 기
     분이 바뀌면서 불안이 사라질 수도 있습니다. 그러
     나 절망은 더 심각해서, 거기까지 이르면 빠져나오
     기가 어렵습니다.

직장인 K 하지만 절망하기 쉬운 세상이 된 것 같아요. 기상
     이변은 해가 갈수록 심해지고, 난데없는 전염병이

돌고, 세계 각국은 날카롭게 대립하고 있잖아요. 직장의 불안정성은 커지고 세금은 점점 늘어나는 데 경기가 좋아질 기미는 없고요. 연애도 결혼도 사치라는 생각이 들지만, 설령 연애하고 결혼해 아이를 낳는다고 해도 잘 키울 수 있을지 자신이 없어요. 사방을 둘러봐도 온통 절망스러운 상황뿐이에요.

철학자   절망도 불안이나 두려움과 같은 목적을 가지고 있습니다. 더는 무얼 해도 안 된다는 기분을 느끼기 위해서 절망하는 거예요. 절망스럽다고 말하면 자신이 할 수 있는 것이 없어지므로, 아무것도 하지 않는 데 대한 변명이 되죠.

직장인 C   그런데 절망감은 스스로 만들어내는 것이 아니지 않을까요?

철학자   대개는 그렇게 생각하죠. 세상이 나를 그렇게 몰아간다고 말입니다. 그러면서 아무리 노력해도 지구 온난화를 막기는 어렵다고 생각해요. 예를 들어 내가 비닐봉지 사용을 줄여봤자 환경에 얼마나 좋은 영향을 미치겠냐는 식이죠. 뭘 해도 효과가 미미하다고 생각하면 작은 행동이나마 적극적으로 실천하겠다는 동기가 줄어들기 마련이고요. 하지만 그건 행동하지 않는 자신에 대한 합리화에 불과해요. 인생에 대해서도 마찬가지입니다. 사방팔방이 전부 막혀서 어쩔 수 없다고 생각되면, 절망감을 만들어내서 아무것도 하지 않을 핑계로 삼습니다. 하지만 이 세상을 조금이라도 살기 좋게 만들고 싶으면 절망해선 안 돼요. 세상이 이러니 어쩔 수 없다고 합리화하면 아무것도 달라지지 않습니다.

 삶을 바꾸는 스물한 번째 걸음
절망을 핑계로 도망치지 않는다.

더 좋은 세상을 만들 수 있는 방법은

직장인 K   어렵네요. 당장 살아가기도 벅찬데 세상을 보다 살
기 좋게 만드는 문제까지 생각하자면 머리가 터질
지도 모르겠어요.

철학자   우선은 자기 일을 해나가는 수밖에 없습니다. 자
기 일을 뒷전에 두고 세상 일만 생각하다 보면 절
망감은 더 커집니다. 과제가 너무 커서 어디서부터
손을 대야 할지 모르는 지경이 되니까요.

예를 들어 내가 비닐봉지를 덜 사용해도 지구에
얼마나 좋은 영향을 미칠지는 알 수가 없습니다.
하지만 환경이 조금이라도 좋아질 가능성이 있다
면, 불편하더라도 실천하는 게 좋지 않을까요? 한

사람, 한 사람이 그렇게 생각하면 세계적인 차원에서는 큰 힘이 됩니다. 정말 효과적일지는 검증해봐야겠지만, 헛수고라고 생각하지 않는 것이 중요합니다.

직장인C 그렇군요. 저부터 실천해야겠어요.

철학자 처음부터 세계로 눈을 돌리면 아무것도 할 수 없다고 생각하게 됩니다. 종교 사상가이자 비평가 우치무라 간조가 쓴 《후세를 위한 최대의 유물》이라는 책이 있습니다. 죽을 때 후세에 무엇을 남길 수 있을까에 대한 강연 내용을 정리한 책입니다. 그는 애써 이 세상에 태어났으니 적어도 더 좋은 세상을 만들고 죽자고 말하죠.

학생H 철학 시간에 그분에 대해 들은 적이 있어요.

철학자 그가 후세에 남길 유물로 가장 먼저 언급한 것은 돈입니다. 돈이 있으면 세상을 더 좋게 만드는 데 쓸 수 있습니다. 그러나 돈은 누구나 남길 수 있는 것은 아니라는 의미에서 최대 유물은 되지 못합니다. 두 번째는 건설입니다. 다리를 놓거나 길을 닦는 것을 말합니다. 다리가 놓이면 섬에 사는 사람들의 생활이 바뀌죠. 하지만 이것도 모두가 남길 수 있는 것은 아니라는 의미에서 최대 유물은 아닙니다. 세 번째는 사상입니다. 사상은 세상을 바꾸는 힘이 있습니다. 저는 철학자니까 사상을 남기고 싶은데, 이것도 최대 유물은 아닙니다.

직장인 K 그럼 최대 유물은 무엇인가요?

철학자 그는 '우리가 살았다는 사실'을 최대 유물로 꼽았어요. 이거라면 모든 사람이 남길 수 있죠. 우리 삶이 후세에게 용기를 줄 수 있다는 얘깁니다.

직장인 C 제가 살았다는 사실요? 저는 존재감이 크지 않아서 별 영향을 주지 못할 것 같은데요.

철학자 특별히 대단한 일을 이루지 않아도 됩니다. 자신이 좋아서 한 일이 두고두고 사람들에게 도움이 된다면, 그것이야말로 업적이라고 할 수 있죠. 후세만이 아니라 동시대를 살아가는 사람들에게도 도움이 되는 일이고요.

 삶을 바꾸는 스물두 번째 걸음
당신의 삶이 누군가에게 용기를 줄 수 있다는 사실을 기억하자.

나를 지키는 힘에 대해

철학자   불안은 그 대상이 명확하지 않고, 사람을 허무주의로 이끕니다. 세상에 절대적인 것은 아무것도 없다고 느낄 때, 믿을 수 있는 것이 없다고 느낄 때, 옳다고 굳게 가졌던 믿음이 무너질 때 사람은 허무해집니다. 그러면 절대적인 가치는 없다는 생각에 빠지고 말지요.

지금까지 절대적이라고 믿어왔는데 한순간에 그게 아니라는 게 밝혀지는 경우가 종종 있죠. 일테면 코로나19 팬데믹이 그렇습니다. 코로나19 사태는 많은 측면에서 사람들의 가치관을 바꿔놓았죠. 자명하다고 여겼던 것이 실제로는 그렇지 않다는 사실을 알게 되면 생각하기를 거부하는 사람이 늘어납니다. 그러면 말솜씨 좋은 사기꾼, 사상가, 권력가에게 단숨에 넘어가기 쉽죠.

직장인 K 그럴 수도 있겠어요. 신입 사원 중에는 상사의 지시를 무작정 따르는 이들이 간혹 있더라고요. 마치 생각하기를 멈춘 것처럼요.

철학자 생각하는 사람은, 오늘이라는 날이 계속되지 않을 수 있다는 사실을 알고 있습니다.

학생 H 내일이 오지 않을 수도 있다는 얘긴가요?

철학자 감사하게도 내일은 올 겁니다. 하지만 오늘과 완전히 다른 내일이 될 수도 있습니다. 원자력발전소 사고가 발생했을 때를 생각해보면, 사고가 일어나기 전날과는 완전히 다른 날이 됐잖아요.

'과제로부터 도망치기 위해 불안이라는 감정을 만든다'라는 이야기를 했는데, 우리 안에는 또 다른 불안이 있습니다. 바로 앞으로의 인생이 보이지 않는다고 느끼는 불안입니다.

미래라는 단어는 '아닐 미(未)' 자와 '올 래(來)' 자로 이뤄져 있죠. 말 그대로 아직 오지 않은 날입니다. 미래에 무엇이 일어날지 정해져 있지만 우리가 그것을 알지 못하는 것뿐이라고 말하는 사람도 있습니다. 하지만 그렇지 않아요. 미래에 어떤 일이 일어날지 정해져 있는 것은 아닙니다.

우리 인생도 오늘 잠을 자고 나면 내일이라는 날이 찾아오는 일상의 반복이 아닙니다. 매일 자신이 새로운 나날, 새로운 인생을 만들어야 합니다. 저는 최근에 피아노를 치기 시작했습니다. 어려운 곡은 칠 수 없지만 쉬운 곡은 조금씩 치면서 즐거움을 느낍니다. 그러다 깨달았죠. 다른 사람이 연주하는 곡을 들으면 직접 손가락을 움직이지 않아도 되지만 직접 피아노를 연주할 때는 자신이 치지 않으면 음악이 멈춘다는 사실을. 결국 인생도 내가 어떻게 일상을 쌓느냐에 따라 인생이 달라집니다. 물론 스스로 인생을 만들어가야 한다고 생각하면 불안할 겁니다. 이 경우의 불안은 아들러가 말하는 불안이 아니라 생각을 갖고 살기 때문에 느끼는 불안입니다.

그렇기에 미래를 생각하면 불안해지기 마련이지

만, 아무 생각이 없는 사람은 오히려 불안을 느끼지 않죠. 예를 들면 코로나19 팬데믹이 발생했는데도 금방 다시 예전처럼 살아갈 수 있다고 생각한 사람들이 그렇습니다. 스스로 생각하지 않으니까 변화한 현실을 인지하지 못하고 금세 일상이 회복되리라고 안이하게 믿은 겁니다.

학생 H 생각하지 않는 행동은 아주 위험하군요. 코로나19 사태로 '패닉'이 화제가 됐습니다. 모두 앞다퉈 마스크를 사 모았고 저도 허둥지둥 마스크를 사려고 뛰어다녔습니다. 앞으로도 재난이 일어나거나 쌀을 구할 수 없으면 그런 패닉이 일어나겠죠. 이것도 두려움의 일종인가요?

철학자 곧바로 행동에 나선다는 의미에서는 두려움이라고 할 수 있죠. 그런데 불안이라고 해도 됩니다. 아무 생각도 하지 않기 위해 두려움이나 불안을 만들어낸 겁니다. 두려움과 불안이 절망으로 이어졌고, 극도의 절망이 겉으로 드러난 것이 패닉이고요.

패닉의 또 다른 예로, 집 밖에 나오면 무섭고 불안해서 꼼짝 못 하는 사람들이 있습니다. 심지어 걸

지도 못해요. 그런 증상에도 목적이 있습니다. 바로, 과제에서 도망치는 거죠. 그런 증상이 있으니까 어쩔 수 없다고 자신을 이해시키는 겁니다.

직장인 K 하지만 인생을 제대로 마주하려고 진지하게 생각할수록 불안해지기만 해요.

철학자 그렇기에 더더욱 생각을 멈추지 말아야 합니다. 눈앞의 과제에 어떻게 도전할지 계속 생각해야 해요. 불안하다고 과제에서 도망치면 상황은 좋아지지 않습니다. 두려움과 불안이 만연한 세상이지만, 현실에 눈을 감아서는 안 됩니다.

　1970년대에 두 차례의 석유 파동이 발생했습니다. 석유 가격이 폭등해 세계 경제가 혼란에 빠졌죠. 그때는 두루마리 휴지가 동이 났어요. 코로나 19 사태 때는 마스크가 그랬죠. 냉정히 생각하면 그럴 필요가 없다는 걸 알 수 있는데, 뉴스를 보고 아무 생각 없이 약국이나 마트로 달려가는 사람들이 있습니다. 그런 사람들은 패닉에 빠질 만한 상황에 처해서 생각하지 않게 됐다기보다는 생각하지 않기 위해서 패닉에 빠진 겁니다.

학생 H   저도 팬데믹 초기에는 무척 혼란스러웠어요. 마치 눈 뻔히 뜨고 보이스피싱 사기를 당한 것 같더라고요.

철학자   보이스피싱 사기는 노인들이 쉽게 당한다고 생각하지만, 의외로 젊은 피해자도 많습니다. 사기꾼들의 수법은 갈수록 교묘해지지만 그런 일을 예방하기 위해서라도 생각하는 힘을 갖춰야 합니다. 그러면 냉정해질 수 있어요.

학생 H   생각하는 힘을 키우려면 구체적으로 어떻게 해야 하나요?

철학자   먼저, 지금 무슨 일이 일어나고 있는지 확인해야 합니다. 계속 분석하면서 자신에게 일어나는 일을 객관화할 수 있어야 합니다. 예를 들어 패스워드를 입력하라는 미심쩍은 메일을 받았다고 해보죠. 그럴 때도 당황할 게 아니라 인터넷으로 검색해보면 됩니다. 그러면 유사한 형태의 사기 메일이 유행이라는 걸 확인할 수 있습니다. 패닉에 빠지지 않으려면 생각을 계속해야 합니다. 값비싼 상품을 강매당하거나 쉽게 돈을 벌 수 있다는 이야기에 속는 사람들이 있습니다. 돈을 빨리 벌고 싶고, 돈만 있으면 행복해질 수 있다는 마음의 빈틈을 노리는 겁니다. 어떻게 살아야 하는지, 자신이 지금 갖고 있는 가치관이 무조건 옳다고만 믿지 말고 행복이란 무엇인지 우리는 끊임없이 생각해봐야 합니다.

 삶을 바꾸는 스물세 번째 걸음
자신을 지키는 힘을 키우기 위해서라도 생각을 멈추지 말아야 한다.

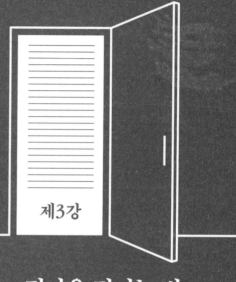

제3강

절망을 견디는 법

모두가 절망하는 순간이 있다

직장인 K 이런 문제투성이 상황에서도 어떻게 하면 절망하지 않을 수 있을까요?

철학자 그건 어려울 겁니다. 절망은 합니다. 절망하지만, 어떻게 하면 살아갈 수 있을지를 생각하는 것이 현실적입니다. 태어나서 지금까지 한 번도 절망한 적이 없는 사람이 있을까요?

학생 H 아마도 모든 사람이 한 번쯤은 절망해봤겠죠. 아니, 한 번이 아니라 여러 번이라고 해야겠네요. 저도 그렇거든요. 원하는 대학에 떨어졌을 때, 입사 면접에서 몇 번이나 탈락했을 때 깊이 절망했어요.

철학자 그렇군요. C씨는 어떤가요?

직장인 C 온통 절망스러운 일뿐입니다.

철학자 모두 절망에 일가견이 있군요. 절망하는 사람이 나
뿐만이 아니라는 사실을 아는 것만으로도 마음이
편해지죠. 이유나 정도를 떠나서, 절망감을 느끼지
않고 살아가는 사람은 없습니다.

한 가지 희소식은 절망해도 회복할 수 있다는 겁
니다. 다만, 저절로 회복되는 건 아니니 어떻게 하
면 그 상태에서 벗어날 수 있을지 고민해야 합니
다. 그럴 때 반드시 회복할 수 있다는 믿음이 있다
면 마음이 훨씬 가볍겠죠.

 삶을 바꾸는 스물네 번째 걸음

절망해도 다시 시작할 수 있다는 믿음을 갖는다.

절망에서 희망으로

철학자　희망이 없는 사람은 절망하지 않습니다. 희망을 품었기 때문에 그것이 실현되지 않으면 절망하죠. 그럴 때는 절망했다는 사실보다 원래 품었던 희망에 초점을 맞추는 것이 좋습니다.

직장인 K　말로 하는 건 간단해 보이지만, 절망 속에서 희망을 떠올리기가 쉬울까요? 집에 불이 나서 길거리에 나앉게 됐다거나 사랑하는 사람이 암 말기 진단을 받았다면 어디서도 희망을 볼 수 없을 것 같아요.

철학자　처음에는 절망을 느끼겠지만, 절망에 머무르지 않겠다는 강한 의지가 필요합니다. 절망을 불러일으킨 일은 이미 지나갔습니다. 과거의 일이죠. 언제까지나 과거에 사로잡혀 있으면 더 큰 절망에 빠지게 됩니다.

어렸을 적 우리 집은 강 근처에 있었어요. 매년 장마철이 되면 주변이 침수되기 일쑤였죠. 어느 해인가 특히 심한 태풍이 불었는데, 다음 날 아침은 태풍이 지나고 하늘이 활짝 개었어요. 그 파란 하늘 아래 이웃집 아저씨가 완전히 물에 잠긴 자기 논을 바라보고 있더라고요. 그 주 주말에 벼를 벨 계획이었는데 완전히 망한 거죠. 걱정이 돼서 "아저씨, 어떡해요?" 하며 다가갔는데, 표정이 의외로 덤덤해서 깜짝 놀랐어요.

직장인 C 1년 농사를 망친 건데 어떻게 그럴 수 있을까요? 저라면 땅을 치며 통곡했을 거예요.

철학자 이미 일어나버린 일을 한탄해봤자 소용없다는 것을 알고 있었기 때문일 겁니다. 일어난 일은 받아들이는 수밖에 없습니다.

큰일이 난 것은 맞습니다. 그러나 과거로는 돌아갈 수 없음을 받아들이고 처한 상황을 객관적으로 판단하면 절망에서 조금은 벗어날 수 있습니다. 한 번에 회복될 수는 없겠지만 시간이 흐르면 결국 나아집니다. 우리는 앞으로 나아갈 수밖에 없고, 시간은 과거를 향해 흐르지 않으니 결국 상처는 낫기 마련이죠.

직장인C 절망에서 회복하는 데는 얼마의 시간이 걸리나요?

철학자 사람에 따라 다릅니다. 어머니가 49세에 돌아가셨는데 제가 그 사실을 온전히 받아들이기까지는 10년 정도 걸렸어요.

직장인C 어머니의 죽음을 받아들일 수 있게 된 계기가 있었나요?

철학자 계기라기보다는, 더는 어머니의 꿈을 꾸지 않게 됐어요. 어머니가 돌아가신 후 어머니를 자주 떠올렸고 꿈도 자주 꿨어요. 그러다가 어느 날, 제가 무의식적으로 어머니를 계속 생각한다는 걸 인지했죠. 그러니까 과거에 시선을 고정한 채 같은 곳에 머물러 있다는 것을 깨달은 거예요.

앞으로 무엇을 할 수 있을지 생각하기 시작하면서 절망에서 조금씩 벗어났어요. 슬픔에 짓눌려 아무

것도 할 수 없는 상태가 언제까지나 계속되는 것
은 아닙니다.

삶을 바꾸는 스물다섯 번째 걸음
절망스러울수록 원래 품었던 희망에 초점을 맞춘다.

내 이야기를 들어줄 사람은 반드시 있다

직장인 C 희망을 품기 때문에 절망하는 거라면, 애초에 희망
을 품지 않는 편이 편하게 사는 방법 아닐까요?

철학자 희망이 없으면 살아 있어도 죽은 것과 마찬가지죠.
희망을 품고, 절망하고, 다시 회복되는 사이클을
반복하는 게 인생입니다.

직장인 K 그럼, 회복할 수 있는데 왜 자살하는 사람이 나오
는 걸까요?

철학자 절망적인 상황이 계속되고 자신에게는 거기서 빠
져나올 힘이 없다고 생각하기 때문입니다. 지금 일
어나는 일은 결국은 지나갈 거라고 시간이 지나면
잊힌다고 말해도 절망의 한복판에 있는 사람의 마

음에는 가둥지 않습니다.

힘에 부치는 일은 남들에게 도움을 청해도 되는데, 그러지 못하는 사람이 있습니다. 사람은 혼자 사는 것이 아니라 타인과의 관계 속에서 도움을 받으며 산다는 것을 모르기 때문이에요. 그 사실을 알아도 실천하거나 받아들이기 어려운 사람도 있을 겁니다. 그러나 이 절망스러운 상태가 계속되는 것은 아니며, 다른 사람에게 도움을 받아야 한다는 생각을 하면 절망에서 조금씩 벗어날 수 있습니다. 중요한 것은 부정적인 생각에 너무 깊이 빠져 있지 않는 것입니다.

학생 H 얼마나 고독하면 스스로 목숨을 끊을 생각까지 하는지, 안타까워요.

철학자 그렇죠. 절망해서 죽음을 생각하는 사람은 고독합니다. 남들은 내가 무얼 생각하는지 이해하지 못한다, 나의 이 괴로운 심정을 아무도 몰라준다고 생각하죠. 그러다 보면 자신은 옳고, 자기 심정을 알아주지 않는 타인은 나쁘다며 원망하게 되죠.

직장인 K 자신은 옳다고 생각하는 사람이 절망해서 자살을 선택한다면, 결국 그 사람은 오만한 건가요?

철학자   오만이라는 표현은 적절하지 않습니다. 다만, 문제를 풀어가는 방법이 잘못된 거죠. 자신이 옳은데 아무도 이해해줄 수 없다고 생각하면, 누구에게도 고민을 털어놓을 수 없게 되죠. 점차 고립되는 겁니다.

정신적으로 힘들 때 이야기를 나눌 상대가 있으면 스스로 목숨을 끊는 지경까지는 가지 않습니다. 상대방이 이해하든 못 하든 속마음을 털어놓을 수 있다면, 그에게는 희망이 있습니다. 하지만 같이 이야기할 사람이 없고, 애초에 누구도 이해하지 못할 거라고 단정해버리면 절망에서 빠져나올 수가 없죠.

직장인 C   저도 제 말을 들어줄 사람이 아무도 없다고 생각될 때가 자주 있어요. 그럴 때면 가슴이 답답해져요.

철학자   힘들 때 아무에게나 의논할 수는 없겠지만, 이야기를 들어달라고 하면 들어줄 사람은 있습니다. 당신도 그렇지 않은가요?

누가 심각한 표정으로 찾아와서 이야기 좀 들어달

라고 하면 매몰차게 거절하진 않겠지요.

직장인 C 물론이죠. 제가 해결책을 제시해줄 능력이 될지가 고민이 되긴 하겠지만요. 아니, 그런 고민을 하기 전에 일단 앉혀놓고 볼 거예요.

철학자 누군가에게 이야기를 들어달라고 했는데 거절당할 수도 있습니다. 하지만 그렇다고 해서 아무도 나를 이해해주지 않는다고 생각하는 것은 지나친 비약입니다. 그 비약으로 자신에게 상처 주지 마세요.

 삶을 바꾸는 스물여섯 번째 걸음
누군가와 상의하며 도움을 구한다.

고독과 함께하는 법

학생 H   절망은 고독과 밀접하게 관련 있다는 말씀이군요.

철학자   고독이라기보다는 고립이죠. 고독은 살아가는 데 필요한 요소입니다.

직장인 C   고독과 고립은 어떻게 다른가요?

철학자   고립은 사람들에게서 분리돼 있는 상태이고, 그 상태에서도 타인과 유대를 느낄 수 있는 것이 고독입니다. 조직이나 사회에서 부정이 사라지지 않는 것은 사람들에게 '고독할 용기'가 없기 때문이라고 생각합니다. 상사 또는 직장의 부정을 알게 됐다면 공개적으로 알려야 합니다. 하지만 그러면 조직의 화합이 깨질 수도 있고 일자리를 잃을 수도 있고 비난받을 수도 있다는 걱정 때문에 눈을 감아버리는 사람이 있는데요. 고립되는 것을 두려워하기 때문입니다. 괜히 나서서 문제를 키웠다고 주변 사람들에게 손가락질 받을 것을 걱정하는 거죠.

직장인 C 그런 상황에 처하면 저 역시 망설여질 것 같아요. 고민이 많이 되겠죠.

철학자 그게 인지상정이죠. 하지만 고독할 용기를 가진 사람은 불이익이 돌아오리라는 걸 예상하면서도 목소리를 냅니다. 내가 나섰을 때 지지해주는 사람이 있을지 없을지 확신할 순 없지만, 고독을 감내하는 거죠.

그런 사람은 고립되지 않아요. 방금 인지상정이라는 말을 했지만, 사람들이 느끼는 바는 크게 다르지 않기에 공익을 위해 나선 사람을 모른 체하지 않습니다. 먼저 목소리를 내지는 못했을지라도 동조하고 힘을 보태는 사람들이 나타나게 돼 있어요.

직장인 K 정의를 외면해서는 안 되니까요.

철학자 고독해지는 것을 두려워하지 마세요. 자신을 지지하는 사람이 반드시 있다는 것을 아시길 바랍니다.

부정을 저지르고도 뻔뻔한 사람들이 잘나가는 세상을 바꾸고 싶다면, 자기 자리나 자기 조직이 아니라 더 큰 공동체의 이익을 생각해야 합니다. 거기에는 자신을 지지하는 사람이 반드시 있습니다. 아들러는 이들을 '동료'라고 불렀는데요, 동료가 있다는 것을 믿으십시오.

필요한 것은, 그런 동료와의 진정한 유대입니다. 잘못을 감추어 주어야 유지할 수 있는 관계는 거짓 유대입니다. 거짓 유대를 끊어내야 진정한 유대도 가능해집니다. 잘못이라 생각하는 것이 있다면, 아니라고 말할 수 있어야 합니다.

 삶을 바꾸는 스물일곱 번째 걸음
고독할 용기를 갖는다.

진정한 유대는 신뢰에서 시작된다

직장인 C 타인을 신뢰할 수 있는지 어떤지가 중요하군요. 그
런데 어떻게 해야 그 정도로 타인을 신뢰할 수 있
을까요? 타인의 선함을 믿어야 한다는 게 전제가
되는데, 도저히 좋아할 수 없는 사람도 있잖습니
까? 한 예로, 저희 회사에는 갑질을 하는 상사가
있는데요. 다들 싫어해서 웬만하면 거리를 두려고
해요. 그런 사람도 신뢰해야 하나요?

철학자 부하 직원에게 갑질하는 사람이나, 그런 상사에게
인정받고 싶어서 아부하고 맞장구치면서 잇속을
차리는 사람이나 둘 다 선하다고는 할 수 없죠. 그
런 부류의 사람은 어디에나 있기 마련인데, 예외로

칩시다. 다만, 내가 이상하다고 생각하는 것에 똑같이 의구심을 품고 있는 사람들이 많다고 믿으면 됩니다.

직장인 K 요컨대 자기 안의 정의감을 믿으라는 말씀인가요?

철학자 그렇습니다. 이상하다고 생각하는 사람이 자기뿐이라고 느끼면 고립되고 맙니다.

직장인 C 하지만 우리끼리 얘기할 때는 울분을 토해놓고 막상 상사 앞에서는 입을 다물어버리는 사람들도 있어요.

직장인 K 맞아요. 배신감이 느껴지고, 인간을 불신하게 됩니다.

철학자 그런 상황이라면 자신에 대한 신뢰감을 갖는 수밖에 없습니다. 자신은 무슨 일이 있어도 부정에 굴복하지 않는 인간이라고 믿어야 한다는 얘기입니다.

직장인 K 거의 슈퍼 히어로가 되라는 말씀처럼 들려요. 그렇게 심지가 굳은 사람이 얼마나 될까요?

철학자 강한 사람이 될 자신이 없다는 것은 부정에 굴복할 수 있다는 여지를 남겨 두는 변명에 불과하니다. 자신의 이성과 양심에 따라 결심할 수 있다면 강함은 필요하지 않습니다. 자신과 마찬가지로 이상하다고 생각하는 사람이 당장 옆에 있지 않더라도 확실히 어딘가에 존재하다는 사실을 아는 것과 그렇지 않은 것은 큰 차이가 있습니다. 내가 목소리를 내고 한 명 한 명이 합류하면, 입을 다물었던 사람들도 점차 함께하게 됩니다. 더 큰 용기를 가진 사람이 일어서는 수밖에 없어요. 그러지 않으면 세상은 전혀 바뀌지 않을 겁니다.

직장인 C 저희 회사만 그런 건지 잘 모르겠는데, 부정적인 이야기는 되도록 하지 말라는 풍조가 있어요. 웬만하면 좋게 좋게 받아들이라는 거죠. 저는 그런 말을 들을 때 주눅이 들어요. "이것 좀 이상하지 않아?"라고 말을 꺼내면 왜 그렇게까지 색안경을 끼고 보느냐는 식이거든요.

철학자 풍파를 일으켜선 안 된다고 생각하는 사람들이 있습니다. 이런 사람들은 화합이니 협동이니 하는 단어를 자주 쓰죠. 하지만 그것은 가짜 유대에 불과합니다. 문제를 외면하는 것뿐입니다. 진정한 유대는 타인에 대한 신뢰에서 시작됩니다. 도움이 필요할 때는 분명 도움 받을 수 있다고 생각해서 말을 겁니다. 길을 헤맬 때는 사람에게 묻잖아요. 알려줄 거라고 믿기 때문입니다. 알려주지 않는 사람도 있겠지만 누군가는 분명 길을 알려줄 것이라 생각하는 거죠. 그렇게 우리는 다른 이의 선의를 믿어야 합니다.

 삶을 바꾸는 스물여덟 번째 걸음
자신과 타인의 선함을 믿는다.

나와 생각이 다른 사람과 소통하는 법

철학자   앞에서 어려움에 처했을 때는 주위 사람과 상의하면 된다고 했습니다. 하지만 아무에게나 속내를 털어놓을 순 없죠. 여러분은 이야길 들어줄 사람으로 누구를 선택하나요?

직장인 K   저는 가만히 들어줄 것 같은 사람을 선택합니다. 설교를 하는 사람에게는 말하고 싶지 않아요.

학생 H   저도 그래요. 그냥 속을 털어놓고 싶을 뿐인데, "그건 네가 틀린 거야", "그건 아니지"라면서 일일이 판단하고 평가를 내리려는 사람한테는 가지 않을 거예요.

직장인 C   그런데 이야기를 들어주다 보면 그가 틀렸다는 게 분명할 때가 있기도 해요.

철학자 이해하는 것과 찬성하는 것은 별개입니다. 상대의 말은 이해하지만 나와 생각이 다를 때도 있죠. 하지만 적어도 그의 이야기를 이해하려고 노력할 필요는 있습니다. 다 들은 후에 '당신 이야기는 알겠다'라고 말하면 됩니다. 그런 다음 내 생각을 말해도 되겠느냐고 물어보고, 상대가 승낙하면 내 의견을 들려주면 됩니다. 이 과정을 거치면, 상대도 무턱대고 거부당했다고 생각하지 않을 겁니다. 거듭 강조하지만 나의 이야기를 들어주는 사람이 분명 있다는 사실을 잊지 말아야 합니다. 이를 모르면 이해받지 못한다는 생각이 들어 고립감을 느끼거나 자신만이 옳다고 믿거나 자신을 이해하지 못하는 사람들을 원망할 위험이 있습니다. 자신의 생각을 말해야 이해받을 수 있습니다. 다만 한 번에 모든 걸 이해받기보다 천천히 여러 번 나누어 말해야 할 수도 있음을 잊지 마세요.

직장인 K 섣불리 결론을 내거나 내 생각을 강요해선 안 된다는 말씀이군요.

철학자 옳음을 고집하면 승패의 문제가 되고 맙니다. 막다른 곳에 내몰린 종교의 신자들이 테러 행위를 일으키는 것과 똑같은 문제가 일어나죠. 아무도 자기를 이해하지 못한다고 느끼는 사람들은 '나는 옳은데 사람들이 몰라준다'라고 생각하고, 더 고집불통이 됩니다. 자기가 틀렸다는 걸 인정할 수 없는 거죠.

학생 H 고립돼서 막다른 골목에 몰리면 독선적으로 돼버린다는 말씀이군요. 이게 부모와 자식 간의 관계에도 적용될까요? 저는 부모님이 제 생각을 몰라준다고 생각되면 얼굴도 마주치고 싶지 않아요.

철학자 부모들은 지금까지의 인생에서 얻은 정답을 자식에게 강요하는 경향이 있죠.

학생 H 그럴 때 자식은 어떻게 대응해야 하나요?

철학자 "무슨 말씀인지는 알겠습니다. 하지만 제 생각은 다릅니다"라고 말하면 됩니다.

학생 H 그런 식으로 말하면 화를 내실 텐데요?

철학자 화내게 두면 됩니다. 부모가 설교를 하는 것은 대부분 자식의 과제에 대한 것입니다. 하지만 부모에게 져선 안 된다고 생각해요. 어떤 인생을 사느냐는 자식 스스로 정해야 합니다. 부모가 자식의 인생을 책임질 수 없으니까요.

예를 들어 부모가 반대하는 결혼을 접고, 부모가 골라준 상대와 결혼했다고 칩시다. 그래서 행복해질 거란 보장이 있나요? 행복하다면 다행이지만 그렇지 않다면 어떻게 해야 할까요? 이게 다 부모님 탓이라면서 책임을 물으면 되나요? 아니죠. 오히려 책임은 자식에게 있는 거죠. 부모에게 져서 그 말을 따랐다는 책임이 있기 때문입니다.

 삶을 바꾸는 스물아홉 번째 걸음
찬찬히 이야기하면서 서로를 이해하려고 노력한다.

사람에 대한 믿음은 잃지 말자

직장인 K   저 같은 젊은 직원은 직장에서의 위치가 낮습니다. 그래도 잘못된 일에 대해서는 상사와 싸워야만 하나요?

철학자   싸울 필요는 없습니다. 자기 생각을 분명하게 얘기하면 됩니다.

직장인 K   그랬다간 직장에서 고립되지 않을까요?

철학자   아닙니다. 앞에서도 말했듯이, 당신을 지지하는 사람은 반드시 있습니다. 당장 그런 사람이 나타나지 않더라도 세상 어딘가에는 나를 이해해줄 사람이 있다고 믿는 것과 아무도 이해해주지 않는다고 생각하는 것에는 큰 차이가 있습니다. 거듭 말하지만, 타인을 신뢰해야 합니다.

직장인 K   신뢰했는데 배신당하면 어떻게 해야 하나요? 더는 아무도 믿지 못하게 될 것 같습니다.

철학자   살다 보면 믿었던 사람이 뒤통수를 치기도 하죠. 하지만 그 사람에게만 배신당한 것이지 전 인류에게 배신당한 것은 아닙니다.

아무도 신뢰할 수 없다며 절망해버리면 타인과 교류할 수 없게 됩니다.

여기서도 원인과 결과를 따져봐야 하는데요. 누군가에게 배신당했기 때문에 타인과 관계 맺기를 두려워하게 되는 것이 아닙니다. 타인과 관계를 맺지 않기 위해서 예전에 누군가에게 배신당했던 경험을 끄집어내는 겁니다.

직장인 C   배신을 핑계 삼아 관계 맺기를 거부한다는 말씀이죠?

철학자   맞아요. 아주 작은 울타리 안에서만 교류하는 사람은 눈앞의 사람에게 배신당하면 모든 사람에게 배신당했다고 생각합니다. 하지만 절대 그렇지 않아요. 세상은 당신이 생각하는 것보다 훨씬 큽니다.

아직 만나지 않았지만 당신을 이해해줄 사람은 반드시 있습니다.

삶을 바꾸는 서른 번째 걸음

배신당했다고 하더라도 사람에 대한 신뢰를 포기하지 않는다.

지독한 실연에 대처하는 법

직장인 C 배신 이야기를 하자면 연애 이야기를 빼놓을 수 없겠죠? 진지하게 사귀면서 결혼까지 생각했지만 헤어지는 경우도 있잖아요. 그러면 다시는 사랑을 할 수 없을 것 같아요.

직장인 K 제가 그런 경험을 했어요. 서로 너무나 좋아했는데 어느 날 이별을 통보받았어요. 많이 방황했죠. 그 후로 남자는 다 똑같다는 생각에 다른 사람을 만나지 못하겠어요.

철학자 실연의 상처는 쉽게 치유되지 않지만, 모든 사람이 그럴 거라고 생각해서는 안 됩니다. 앞으로 더 좋은 사람을 만날 수도 있죠. '모두', '언제나', '반드시'라는 단정적인 표현은 일반화의 오류를 담고 있을 때가 많아요. '이 사람'과의 결혼이 맞지 않았다는 것만으로 모든 남자를 불신하는 것은 옳지 않습니다. 결혼하지 않겠다는 결심을 굳히기 위해서 과거의 일을 꺼내는 것일 뿐이죠.

아들러는 "불행한 러브 스토리를 좋아하는 사람들이 있다"라고 말했어요. 실제로 그래요. 잘 풀리는 연애 이야기는 재미없다고 생각하잖아요. 만약 소설이나 영화에서 술술 풀리는 연애 이야기를 다룬다면 흥행하기 어려울 겁니다. 결말이 행복하든 아니든, 갈등을 빚고 주저하고 고민하는 복잡한 스토리를 좋아하죠.

학생 H   그런 상황일 때도 해줄 수 있는 조언이 있나요?

철학자   저는 오히려 실연해서 잘됐다고 생각하라고 말해줍니다. 결혼 후에 이별을 통보받는다면 타격이 더 클 테니까요.

어떤 일이 계기가 돼 연애나 결혼이 틀어지는 경우가 있습니다. 하지만 그 일 때문에 틀어졌다기보다는 애초부터 삐걱거렸던 두 사람 사이의 문제점이 그 타이밍에 드러난 것일 수도 있어요. 이럴 때 할 수 있는 일은 인간관계를 쌓는 방식을 다시 배우는 것입니다.

직장인 K 지금까지 저는 헤어지자고 말한 상대가 잘못했다고만 생각해왔는데, 혹시 저한테도 문제가 있었을까요?

철학자 그건 잘 모르겠습니다. 하지만 만약 당신에게도 문제가 있었다면 다른 상대를 만나도 똑같은 잘못을 반복하게 될 거예요.

직장인 K 저는 영원히 서로를 사랑하고, 마지막까지 한평생 같이하리라는 꿈을 꿨어요. 결혼을 약속했기에 그 꿈이 곧 이뤄질 것으로 믿었죠. 장거리 연애라 힘들어서 제가 직장을 옮겨 그가 있는 곳 가까이 갔는데 결국 그렇게 됐어요. 그래서 제 안의 믿음이 무너지고 말았습니다. 영원한 사랑을 맹세해도 관계가 깨진다면 앞으로는 연애 따위 하고 싶지 않아요.

철학자 영원한 사랑이란 없습니다. 그때그때의 관계가 있을 뿐입니다. 관계는 얼마든지 변할 수 있으므로 관계를 쌓는 노력을 계속해야 합니다. 사이가 나쁠 때는 물론 좋을 때조차도 말이죠. 그런 노력을 하지 않고 서로 맹세했으니 모든 것이 잘될 거라고만 믿고 있으면 그 관계는 순식간에 위기에 빠지고 맙니다.

삶을 바꾸는 서른한 번째 걸음

한 번의 실연으로 모든 관계를 일반화하지 않는다.

매일 관계를 쌓는 노력을 하자

직장인 K 관계를 쌓는 노력이란 구체적으로 어떤 것인가요?

철학자 매일 사랑을 키우려는 노력입니다. 오늘은 이 사람과 사이좋게 지냈지만 내일은 어떻게 될지 모른다는 관점에서 사랑을 지속하기 위해 노력하는 거죠. 그 노력을 게을리하면 영원하다고 생각했던 사랑이 순식간에 사라지고 맙니다.

직장인 K 하지만 나는 그런 노력을 하는데 상대는 나 몰라라 한다면 어떡하나요?

철학자 그게 어려운 점입니다. 사랑은 혼자서는 완성할 수 없는 두 사람의 과제라서 한쪽의 노력만으로는 어떻게 할 수 없어요. 하지만 그건 내 힘으로 어찌할 수 없는 문제니 적어도 나부터 관계를 쌓는 노력을 해야겠죠. 저명한 심리학자인 에리히 프롬(Erich Pinchas Fromm)은 "상대로부터 사랑을 받는 것이 아니라 자신이 사랑하는 것을 생각해야 한다"라고 말했어요. 자기도 모르게 사랑에 빠지거나 어쩔 수 없이 약자인 상황에 놓이기도 하죠. 성숙하지 못한 상대를 사랑할 경우 그의 부족한 부분을 무리하게 받아들이는 과정에서 비극적인 상황으로 끝나기도 하죠.

직장인 K 너무 잔혹해요. 사랑이란 대체 무엇인가요?

철학자 사람마다 정의가 다르겠지만, 저는 상대가 나에게 무엇을 해줄까가 아니라 내가 무엇을 할 수 있을까를 생각하는 거라고 정의합니다. 상대 역시 나를 사랑해줄지 아닐지와는 별개로요.

직장인 K 생각할수록 쉽지 않은 일이네요.

철학자 그렇죠. 그러니 쉽게 사랑에 발을 들여선 안 됩니다. 연애나 결혼은 인생의 과제 가운데 가장 어려운 과제라고 아들러는 규정합니다. 직장이나 일반적인 인간관계에 비해 훨씬 더 깊고 가까운 관계

이기 때문입니다. 같은 사람과 오래 사귀는 것은 지극히 어려운 일입니다. 겉으로는 다정해 보이는 오랜 커플도 속내를 들여다보면 문제가 잔뜩 쌓여 있는 경우가 많아요. 서로 불완전해서 부딪히는 일도 있죠. 그래도 사랑을 매일 키워가는 커플은 문제를 쌓아두지 않고 즉시 풀기 때문에 오래 함께 할 수 있죠.

 삶을 바꾸는 서른두 번째 걸음

사랑을 받기보다 자신이 매일 상대에게 무엇을 할 수 있는지를 생각한다.

좋은 인간관계를 만드는 네 가지 조건

철학자   이제 인간관계에 대해 이야기해볼까요? 좋은 인간
관계는 네 가지 조건을 충족합니다. 첫째는 상호존
중, 둘째는 상호신뢰, 셋째는 공동작업, 그리고 넷
째는 목표의 일치입니다.

이 중에서도 네 번째 조건이 특히 중요합니다. '목
표의 일치'는 어디로 나아갈 것인가에 대한 생각
이 일치한다는 것인데, 이것이 이뤄지지 않으면 관
계가 벽에 부딪히게 됩니다. 앞의 세 가지 조건이
충족돼도 관계가 삐걱거리게 되죠.

직장인 C   맞아요. 꿈꾸는 미래가 달라서 깨지는 커플을 저도
간혹 봤어요. 한 친구는 결혼 후에 자녀를 두느냐

아니냐 하는 문제로 옥신각신하다가 결국 파혼까
지 갔습니다.

철학자 그만큼 중요한 조건임을 보여주는 사례네요. 나머
지 세 가지도 절대 가벼운 문제는 아닙니다.

상호존중은 서로를 대등한 존재로 여기는 것이고,
상호신뢰는 믿을 근거가 없을 때도 상대를 믿는
것입니다. 무조건적인 신뢰라고 할 수 있죠.

직장인 K 믿을 근거가 없을 때도 상대를 믿는다는 건 구체
적으로 어떤 건가요?

철학자 일테면 내일부터 다이어트를 한다는 친구에게 "내
가 그 얘길 들은 것만도 수십 번은 되겠다"라고 하
지 않고 "열심히 해서 올여름엔 함께 비키니 입자"
라고 말하는 겁니다. 지금까지 어땠는지를 가지고
트집 잡지 않는 거죠.

'상호'는 서로라는 것이 일반적인 뜻인데, 먼저 자
신이 상대를 존중하고 신뢰해야 합니다.

직장인 K 상대의 태도를 보고나서 신뢰할지를 결정하는 것
이 더 안전하지 않을까요?

철학자 그렇게 생각한 것부터 상대에 대한 존중과 신뢰

가 없는 것입니다. 인간관계는 흥정도 거래도 아닙니다. 승패와도 관계없어요. 자신을 지속적으로 신뢰하는 사람을 배신하기는 어렵습니다. 또 뭔가 문제가 일어났을 때 두 사람이 협력해 해결하는 것을 공동작업이라고 합니다. 이 네 가지가 균형을 이루었을 때 그 관계는 좋은 관계라 할 수 있습니다.

물론 좋은 관계를 유지하기는 어렵습니다. 많은 관계에서 문제가 생기는 것은 이 네 가지가 균형을 이루지 못하기 때문입니다. 우리는 지속적으로 이 네 가지가 균형을 잘 이루는지 봐야 합니다.

연애를 할 때 상대에게 모든 것을 맞춰주려는 사람들이 간혹 있습니다. 자신의 가치관, 환경, 직장까지 버리고 상대만 바라보는 거죠.

자신은 그것을 숭고한 희생이라고 여길지 모르지만, 관계에 찬물을 끼얹는 일이 될 수도 있습니다. 그것은 상호존중도 아니고 상호신뢰도 아니며, 공동작업이나 목표의 일치는 더더욱 아닙니다. 일방적이니까요. 그런 사람은 종종 내가 이만큼 했으니

당신도 나에게 뭔가 하라는 압력을 가하는 쪽으로
나아가기 쉬워요. 당연히 관계가 위태로워지겠죠.

 삶을 바꾸는 서른세 번째 걸음

관계에서 상호존중, 상호신뢰, 공동작업, 목표의 일치를 중시
한다.

조건과 기대를 버린다

철학자 　사랑할 때는 대가를 바라선 안 됩니다.

직장인 K 　하지만 나는 상대를 생각해서 노력하는데 아무것
도 돌아오지 않는다면 맥이 빠지지 않을까요? 상
대가 정말로 날 사랑하는지 의심도 되고요.

철학자 　대가를 바라선 안 된다고 말하면 많은 사람이 강
하게 반발합니다. 사랑을 줄 때는 똑같이 사랑받
고 싶어 하고, 연애를 할 때도 원하는 조건을 내세
우는 사람이 많습니다. 그래서 고백할 때도 상대
가 나를 확실히 좋아한다는 걸 알았을 때 고백하
는 경우도 많습니다. 상처받고 싶지 않은 거겠죠.
실패하고 싶지 않다, 위험을 감수하고 싶지 않다는

마음인 듯합니다. 연애에 일종의 조건을 다는 경우입니다. 혹은 상대를 볼 때 경제적 조건을 심하게 따지기도 하고요.

직장인 K 제 경우는 연애할 때는 큰 문제가 없지만, 결혼 얘기가 나오면 경제적 능력이 중요해지는 것 같아요.

직장인 C 저 같아도 결혼 얘기가 오가는 상대가 "결혼하면 직장 그만두고 집안일만 하고 싶어"라고 한다면 상당히 난감할 것 같아요. 제 월급만으로 가정을 꾸려가야 한다고 생각하면 부담이 엄청날 테니까요.

직장인 K 저는 결혼을 해도 직장에는 계속 다닐 생각이라 그 부분은 크게 문제가 되지 않을 것 같아요.

철학자 신경 쓰지 않는 사람이라면 문제없지만 결혼을 통해 안정을 찾으려는 사람도 적지 않습니다. 심지어 결혼을 통해 신분 상승을 하거나 모두가 부러워하는 인생을 살고 싶다고 생각하는 사람도 있어요. 저는 학생 때 결혼을 해서 오랫동안 수입이 거의 없었어요. 경제적으로 무능했던 제가 결혼을 할 수 있었던 것은 아내의 결심 덕분이었어요. 그녀는 연수입이나 경제적 성공보다 중요한 것은 저와 평생을 함께하는 것이라고 생각해주었어요. 그래서 결혼 후 몇 년 동안 아내가 경제적 가장 역할을 해주었어요. 지금도 그 점에 고마움을 느끼며 잘하려고 노력합니다. 아내가 아니었다면 결혼은 할 수 없었을 겁니다.

직장인 C 저희 세대에선 정직원이 될 수 없는 사람도 많잖아요. 연수입이 적어서 결혼을 포기한 사람도 많아요. 이것이 저출산 고령화의 원인이기도 하고요.

철학자 돈이 없어서 결혼할 수 없다는 사람이 많은데, 그것만이 이유는 아닐 겁니다. 지금 사회가 전체적으로 문제가 있는 것도 사실입니다. 1950년대에는 이 나라가 전체적으로 가난했어요. 1964년에 도쿄 올림픽 개최와 함께 경기가 조금씩 살아나기 전까지 모두가 가난했죠. 하지만 그렇다고 모두 불행했던 것은 아니고 결혼하는 사람이 매우 적었던 것도 아닙니다.

반대로, 돈이 있으면 모두가 행복해질 수 있을까요? 그것도 아닙니다. 경제적 이유가 결혼을 하지 않는 큰 이유가 되는 것은 맞지만, 결정적인 이유가 되지는 않습니다.

자녀 1인당 평생 들어가는 돈이 얼마다, 노후 자금
은 얼마가 필요하다 같은 얘기가 많이 나옵니다.
그만큼 현실이 팍팍하다는 뜻이겠지만 부차적인
문제라고 봅니다. 그런 상황을 전부 계산해서 결혼
을 결정한다면 결혼할 수 있는 커플이 과연 몇이
나 될까요?

직장인C 미래까지 모두 따져봤다기보다 현재 경제적으로
어려워서 결혼을 주저하는 사람이 많습니다. 생활
비를 혼자 쓰기에도 늘 빠듯한데, 부양할 가족이 생
기면 부담도 커지니까요. 그래서 결혼을 한다면 수
입이 안정적인 사람과 하겠다고 생각하는 거겠죠.

철학자 안정된 수입이 있는 사람과 결혼했다고 해서 결
혼 생활이 꼭 행복할 거라는 보장은 없습니다. 고
수입에 사회적 지위가 있는 사람과 결혼했는데, 결
혼 후에 상대가 가정폭력을 휘두르는 사람이라는
것을 알게 되는 경우도 많습니다. 직장에서는 존경
받는 상사지만 집에서는 딴사람이 된다는 설 알게
되기도 하고요. 결혼하면 성격과 생활 방식을 맞춰

가며 살아야 하는데 경제적 조건만을 본다면 금방 불행해지기 십상이지요.

직장인 C 하지만 그렇다고 해도 현실적인 부분을 고려하지 않을 수 없어요. 실제로 결혼정보회사에도 연수입이 어느 정도 기준을 충족해야 가입할 수 있다고 들었습니다. 성공해서 많은 이성에게 호감을 얻었을 때 행복해질 수 있지 않을까요?

철학자 그 이야기가 정말이라고 해도 연수입을 중요하게 생각하는 사람에게 호감을 얻고 싶은지 생각해봐야 합니다. 그런 사람은 상대방의 수입이 줄어들면 바로 돌아설 가능성이 큽니다.

 삶을 바꾸는 서른네 번째 걸음
사랑에 조건을 달지 않는다.

연결되어 있다는 감각을 갖자

학생 H   그럼, 돈이 없고 장래가 불안해도 행복한 결혼 생활을 할 수 있다는 말씀인가요?

철학자   물론입니다. 아들러는 돈이 없으면 안 된다는 사람은 허영심이 있는 거라고 말했어요. 남들에게 잘 보이고 싶어 하는 사람은 돈에 집착하죠. 그런 허영심은 인생에 어떤 도움도 되지 않습니다.

예를 들어 안정된 직장이 없는 사람과 결혼한다고 하면 대부분 부모가 반대하겠지만, 두 사람이 경제적으로 불안정한 상황을 헤쳐나갈 용기가 있다면 고난은 줄어들 것입니다. 당연히 생활이 걱정되셨지요. 하지만 혼자 살든 둘이 살든 계획적인 소비를 한다면 생활이 쪼들리지는 않을 겁니다.

직장인K 둘이 힘을 모으면 사정이 점차 나아지리라고 생각해요. 대개 연차가 쌓이면 수입도 늘어나고요.

철학자 그렇죠. 함께하는 것이 중요하죠. 아들러는 연대감을 느낄 때 불안이 해소된다고 말했습니다. 공동체에 속해 있다는 감각 말이죠. 가정이든 사회든 학교든, 어떤 공동체에 자신의 자리가 있다고 느끼고 싶어 하는 건 인간의 가장 기본적인 욕구입니다. 타인과 이어져 있다는 감각을 갖고 있는 사람은 불안해하지 않습니다.

상사의 지시로 장부를 조작했는데, 양심 때문에 혼자 끙끙 앓다가 극단적인 선택을 했다는 소식이 종종 들립니다. 하지만 만약 그 사람이 부정을 폭로할 용기가 있고, 누구하고든 연대감을 느낄 수 있었다면 일은 다르게 흘러갔을 겁니다.

직장인C 죽음을 선택할 때 배우자나 가까운 사람과도 교류하지 않았던 걸까요?

철학자 그건 모르지만 가족에게도 털어놓지 않는 사람이 많습니다. 물론 이런 문제에 부닥쳤을 때 불안을 해소하기 위해 결혼하는 것은 아니겠지요. 하지만 배우자와 강한 유대를 느낀다면, 이런 일을 포함하여 인생의 많은 어려움을 더 현명하게 헤쳐나갈 수 있을 겁니다.

학생 H 배우자라는 존재가 갖는 힘이 크군요. 결혼하지 않아도 곁에 누군가 있다면 어려움을 극복할 수 있겠지요?

철학자 사람과의 교류는 매우 중요합니다. 결혼을 하지 않았더라도 친한 친구나 부모 같은 소중한 이들이 곁에 있다면 어려움에 처했을 때 힘을 얻을 수 있습니다.

 삶을 바꾸는 서른다섯 번째 걸음
사람들과 이어져 있다는 감각을 잊지 말자.

중요한 건 증상 제거가 아니다

직장인 C   직장에서 인간관계 문제로 힘겨웠던 시절이 있었어요. 당시 상담할 사람이 없어서 우울증에 걸리기도 했습니다.

철학자   제가 일했던 정신과에도 우울증으로 찾아오는 직장인이 많았습니다. 그들은 아무한테도 말하지 않고 혼자 애를 씁니다. 동료에게도 함부로 속마음을 털어놓을 수 없고, 출근을 할 수 없을 만큼 힘든데 누구에게도 말하지 못합니다.

어느 날 아침에 일어났는데 몸을 움직일 수 없었다는 사람이 많습니다. 진찰을 해보면 우울증이나 우울 상태로 판단되는 경우가 자주 있었어요. 만일

이른 단계에서 더는 안 된다고, 일을 계속할 수 없다고 말했다면 우울증까지 가지 않았을 수도 있습니다.

학생 H 우울증에는 어떤 증상이 나타나나요?

철학자 아침에 잘 일어나지 못합니다. 종일 무기력하고, 밤에는 잠을 이루지 못해요. 의사는 수면유도제를 처방하는 정도밖에 할 수 없습니다. 항우울제가 있지만 그것도 쉽사리 판단할 수 없어서 어떤 약이 효과적일지는 바로 알 수 없어요.

우울증을 치료할 때는 증상을 없애는 것이 전부가 아닙니다. 인간관계 속에서 생각해야만 해요. 아들러 심리학에서는 증상이 마음속에서 일어나는 것이 아니라 타인과의 관계에서 일어난다고 봅니다. 따라서 인간관계에서의 문제를 해결하지 않으면 증상은 점점 악화될 뿐이죠. 그래서 견딜 수 없을 정도로 힘들다고 호소해도 증상을 제거하는 걸 상담의 목표로 삼지는 않습니다. 증상을 없애는 걸 상담 목표로 하면 환자가 인생의 과제에서 도망치는 것이 목적이라면 증상은 형태를 바꿔 새롭게 만들어질 수 있습니다. 증상이 진정돼 냉정하게 자신을 볼 수 있게 된 이후에야 치료 단계로 나아갈 수 있어요.

우울증 역시 과제에서 도망치는 것이 목적입니다. 출근하기가 죽기보다 싫은데 웬만한 이유로는 통과될 것 같지 않고, 스스로도 인정하고 싶지 않은 거죠. 이럴 때 우울증에 걸렸다고 하면 회사를 쉴 수 있습니다. 이런 식으로 과제에서 도망치는 겁니다.

하지만 과제는 여전히 남아 있죠. 이때 우울증이라는 증상만 제거하면 곧바로 다른 증상을 앓게 됩니다. 아들러는 이를 "다른 증상을 몸에 걸친다"라고 표현했어요.

학생 H 증상을 제거하는 것이 상담의 목표가 아니라면 무엇을 목표로 하나요?

철학자 증상에는 그 증상이 향하는 상대역이 있습니다. 상대역과의 인간관계를 개선하는 것을 목표로 합니다.

직장인 K 순전히 일 때문에 하는 고민이라면요?

철학자　일을 혼자 하는 사람은 없습니다. 동료와 상사가 있죠. 프리랜서 역시 거래처가 있습니다. 상담에서는 그 인간관계를 다룹니다. 혼자 책을 쓰는 나도 편집자와의 관계가 있습니다. 강의할 때는 학생과의 관계가 있죠. 그리고 K씨가 하는 영업 일이야말로 인간관계가 핵심이죠.

직장인 K　사실 저는 인간관계 문제보다 회사에서 정한 할당량을 채우는 문제가 더 힘듭니다. 이런 경우는 어떻게 해야 하나요?

철학자　불법으로 비합리적인 노동을 강요하는 블랙 기업이라면 법적으로 대처하는 수밖에 없습니다. K씨의 회사는 그렇지 않다는 전제에서 말씀드리자면, 이것도 인간관계의 문제입니다. 할당량은 상사가 정하잖아요? 지나친 할당량을 강제하는 상사가 있다면 협상하는 수밖에 없습니다. 지금의 할당량은 과도하다고 말하면 됩니다.

직장인 K　그렇게 말하면 그만두라고 할지 몰라요.

철학자　당신이 그만두면 회사가 난처하지 않을까요? 3년 차니까 업계가 어떻게 돌아가는지도 다 알고, 그간

쌍은 노하우도 있으니까요.

직장인 K 아뇨, 대신할 사람은 많이 있다고 할 것 같아요.

철학자 그건 협박입니다. 양심이 있는 상사라면 양보다 질이 중요하다고 할 겁니다. 저는 '좋은 책을 썼으면 좋겠다. 그러니 서두르지 않아도 된다'라고 말해주는 편집자가 있으면 좋겠다고 생각할 때가 자주 있습니다.

당신의 상황에서도 그렇게 말해주는 상사가 있으면 좋겠지만, 그보다 먼저 당신 자신이 누구도 당신을 대신할 수 없다고 생각해야 합니다.

오래전, 심근경색으로 입원한 적이 있습니다. 그 사실을 모르는 편집자가 책의 교정지를 보냈어요. 그런데 나는 입원한 것을 편집자에게 알리지 않았습니다. 아직 충분히 회복되지 않았지만 일어나 앉아서 매일 원고를 교정했습니다. 곧 책이 출판될 일정이었고 출판사에 피해를 주고 싶지 않았기 때문인데, 게다가 마감일을 연기해달라고 하면 일을 다시 안 맡길까봐 무서웠어요.

직장인 K 하지만 선생님을 대신할 사람은 없지 않나요…….

철학자 　그렇다고 해도 불안해질 때가 있습니다. 편집자는 만일 입원 사실을 알았다면 교정지를 보내지 않았을 겁니다. 지금 일이 감당하기 힘들다면 상사에게 이야기해보세요. 말을 하지 않으면 아무것도 전달되지 않습니다. 상사는 자신이 제대로 일을 지시했다고 생각할 뿐이에요. 부하 직원이 일 때문에 힘들다면 이는 상사의 책임이기도 합니다.

직장인 K 　얘길 했는데도 바뀌는 게 없으면요?

철학자 　노동조합이 있으면 좋지만, 없다면 다른 상사나 동료에게 상담해보세요. 실제로 상사가 바뀌느냐 아니냐보다 더 중요한 문제가 있기 때문입니다. 만약 당신이 입을 꾹 다물고 지금 상태를 지속하면 아무도 이해해주지 않는다는 원망이 쌓여 우울증에 걸릴 수도 있습니다. 상상하기도 싫지만, 최악의 경우 극단적인 선택으로 치달을 수도 있어요. 힘들다고 누구나 목숨을 끊는 것은 아니지만, 우울 상태에서 판단력을 잃은 사람은 평상시보다 그 벽을 쉽게 넘어버립니다.

　　　휴직을 인정해주는 직장이라면 그런 사태까지는

가지 않겠지만 휴직을 인정받지 못하는 직장에서, 게다가 본인이 책임감 있는 성실한 사람이라면 병에 걸리고 맙니다.

휴직해도 결국 복귀 못할 수도 있습니다만 그것은 그때 생각하는 수밖에 없습니다. 그래도 자신의 인생이니까 무리해서 일할 필요는 없습니다. 사람은 일하기 위해서만 사는 것은 아니니까요.

중요한 것은, 자신이 이해할 수 있는 인생을 살아야 한다는 겁니다. 지금의 일을 해서 행복하다고 느낄 수 없는데도 계속할 필요는 없습니다. 성공을 중시하지 않아 부자가 되지 못했다고 해서 불행해지는 것은 아닙니다. 누구나 선망하는 일자리를 가지면 생활에 불안을 느끼진 않겠지만, 일하기 힘든데도 참으며 계속하는 한 행복하지는 않을 겁니다. 일이 힘들면 자신의 상황을 상사에게 정확히 설명할 수 있는 용기를 갖기를 바랍니다.

물론 맡은 일은 제대로 해야 하는데, 스스로 통제하지 못하면 힘들죠. 나는 밤늦게까지 원고를 씁니다. 스스로 정해서 하는 것이라 힘들다는 생각은 하지 않지만, 상사의 강요라면 견딜 수 없을 겁니다.

직장인 K 만일 견딜 수 없으면 어떻게 해야 할까요?

철학자 그때는 도망치면 됩니다. 자신이 행복하다고 느낄 수 있는 인생을 사는 것이 가장 중요하니까요.

 삶을 바꾸는 서른여섯 번째 걸음

일이 힘들면 상사에게 말한다. 애써 견디려 하지 말자.

타인의 선함을 믿자

철학자 상사에게 그런 말을 할 수 있을지 어떨지는 타인
을 신뢰하느냐 아니냐에 달려 있습니다. 좀 더 구
체적으로 말하자면 타인의 선한 성품을 신뢰하는
것이죠. 물론, 모든 것을 갑자기 실천하기란 현실
적으로 어려울 겁니다. 그래도 어떻게 해야 할지
를 아는 것과 그렇지 않은 것에는 큰 차이가 있습
니다.

직장인 K 어떻게 하면 그렇게 타인을 신뢰할 수 있을까요?

철학자 입장을 바꿔서 자신이 상사라면 어떻게 대처할지
를 생각해보세요. 부하 직원이 찾아와 힘들어 죽겠
다고 호소하는데 귀를 닫아버리거나 헛소리 말라

고 윽박지르진 않겠죠. 당신 생각이 그렇다면, 다른 사람도 분명히 그러리라고 믿을 수 있을 겁니다. 이게 바로 타인을 동료로 보는 자세입니다.

그렇게 생각할 수 있으려면 코페르니쿠스적 전환 또는 실존주의 철학자 키르케고르가 말한 질적 도약이 필요합니다. 모든 사람이 태양이 지구 주위를 돈다고 믿던 시기에 지구가 태양 지구를 돈다는 주장은 세상을 완전히 바꿔놓았죠. 사고방식이 그만큼 혁명적으로 바뀌어야 한다는 뜻입니다.

가장 주의해야 할 것은 '아무것도 하지 않는다'라는 선택을 해버리는 겁니다. 아무것도 하지 않으면 아무것도 달라지지 않습니다. 우리가 사는 세상에는 나쁜 사람만 있는 게 아닙니다.

직장인 K 그래도 나쁜 사람 천지인 것 같아요.

철학자 어느 날 사람들로 가득 찬 전철을 탔습니다. 너무 피곤해서 앉고 싶었는데 마침 자리 하나가 비어 있더군요. 그런데 그 자리에는 짐이 놓여 있었어요. 옆자리에 앉은 청년의 짐이 틀림없는 듯한데, 인상이 우락부락해서 짐을 치워달라고 부탁하지 못했습니다. 그때 다른 승객이 다가와서 "미안한데, 여기 좀 앉아도 될까요?"라고 하니까 "아, 죄송합니다" 하고는 짐을 얼른 선반으로 올리더군요. 제가 그 청년을 신뢰하지 못했던 겁니다.

저도 전철이 한산하고 옆자리가 비어 있으면 짐을 올려놓을 수 있겠지요. 그러다가 누군가가 요청하면 얼른 치울 겁니다. 내가 그렇게 생각한다면 타인도 그럴 거라고 믿지 않을 이유는 없습니다.

학생 H 낯선 타인일지라도 선하다고 믿을 수 있는 강한 마음이 필요하다는 거군요.

철학자 한마디로, 용기라고 할 수 있죠. 인간관계에서 자신이 타인을 적으로 생각한다는 것을 알아차리는 겁니다. 적대적인 모습까지 보이지는 않더라도, 타인을 적으로 간주하고 그것을 인간관계 속으로 들어가지 않을 이유로 삼는 거죠. 사람을 대할 때, 혹시라도 나를 속이려 하지 않을까 부정적으로 생각하지 말고 상대를 신뢰하면 좋은 관계를 쌓을 수 있습니다.

물론 상사가 꼭 자신의 능력을 인정해준다고는 할

수 없습니다. 일을 하면 결과가 나오고 반드시 평가를 받죠. 하지만 일의 평가는 당신의 평가와는 관계없습니다. 그리고 또 하나, 일에는 기백이 필요합니다. 상사를 포함해 주위 사람이 반론할 수 없게 일을 잘하는 겁니다. 어차피 평가받지 못한다고 체념하는 것이 일을 하지 않기 위한 변명이 되고 있지 않은지 냉엄하게 자신을 돌아보는 것도 중요합니다.

 삶을 바꾸는 서른일곱 번째 걸음

사람은 당신이 생각하는 것보다 선하고 다정하다는 사실을 믿자.

행복해질 용기를 갖자

철학자 아들러가 강조했듯이, 모든 고민은 인간관계에서 출발합니다. 정도의 차이가 있겠지만, 관계에서 마음의 상처를 입는 건 누구도 피할 수 없어요. 예를 들어 결혼하면 반드시 행복해질 것으로 믿고 약혼까지 했는데 결국 파혼하는 경우도 있습니다.

하지만 삶의 기쁨이나 행복도 인간관계 속에서만 얻을 수 있습니다. 연애에 실패했다고 해서 모든 남자를 믿을 수 없다고 단정하며 마음을 닫지 말고 더 좋은 사람을 만나 인생을 함께하는 것이 자신의 행복이 된다고 생각하기를 권합니다. 한 가지 일을 일반화해 확대 해석하지 않는 게 중요해요.

힘들겠지만 인간관계 안으로 들어갈 용기를 지속적으로 갖기를 바랍니다.

행복해지기 위해서는 용기가 필요합니다. 왜냐고요? 방금 말했듯이, 인간관계를 유지할 때는 마찰이 일어나 상처를 입을 위험이 따릅니다. 하지만 그 안으로 들어가는 위험을 무릅쓰지 않으면 행복해질 수 없습니다.

직장인 K 하지만 사람들과 어울리지 않고 혼자 책을 읽거나 영화를 볼 때 더 행복한 사람도 많지 않을까요?

철학자 물론 많습니다. 저 역시 혼자 지내는 것을 좋아합니다. 하지만 인간관계를 유지한다는 건 함께 어울려 다니며 왁자지껄 떠드는 것만이 아니라 정서적인 연결도 있어요. 그리고 그 안에서 무슨 일이 일어날지는 관계에 발을 내딛지 않으면 알 수 없습니다. 처음부터 타인을 적대적으로 바라보는 것은 좋지 않습니다. 타인은 필요할 때 자신을 도와주는 동료라는 신뢰감을 갖고 인간관계 안으로 뛰어들어야 해요.

모든 것이 처음부터 잘 풀리지는 않아도 좋은 관

계를 위해 꾸준히 노력하면 서서히 바뀔 겁니다. 앞에서도 말했듯이 사랑하는 두 사람도 서로 매일 사랑을 키워가는 노력이 필요하죠. 따라서 그렇지 않은 관계에는 또 다른 노력들이 많이 필요할 겁니다.

삶을 바꾸는 서른여덟 번째 걸음
관계 맺기를 포기하지 않는다.

나는 물론 타인도 행복해지는 일을 하자

학생 H   코로나19 팬데믹 초기에 다른 지역의 번호판을 단 자동차에 '꺼져!'라는 스티커를 붙이고 다니는 무리가 있었습니다. 자경단 같은 무리죠. 그들이 한 일이 진짜 정의일까요?

철학자   가짜 정의입니다. 자신들이 옳다고 믿는 신념을 과시하려는 허영심에 불과하죠. 아들러 역시 이런 비슷한 사례를 소개한 적이 있습니다. 공동체 감각을 갖고 있는지 어떤지를 감시하는 사람의 이야기인데요. 눈 오는 날에 한 여성이 전철에서 내리다가 발이 미끄러져 넘어지고 말았습니다. 5분쯤 후, 그 여성을 도와주려는 사람이 나타났습니다. 그때, 처음부터 이 상황을 지켜보던 어떤 사람이 "여러분, 여기에 공동체 감각을 직접 몸으로 보여주는 사람이 있습니다!"라고 외쳤다는 겁니다.

직장인 K　공동체 감각을 가진 사람이 나타나기를 기다릴 게 아니라 자신이 도와주면 되지 않았을까요?

철학자　제 생각도 그렇습니다. 하지만 자신은 행동하지 않으면서 다른 사람이 타인을 생각할 줄 아는 사람인지 어떤지 감시하는 사람은 어느 시대에나 있었던 듯합니다.

일단 자신이 할 수 있는지, 없는지를 생각하면 됩니다. 그리고 다른 사람이 어떻든 자신이 할 수 있는 일을 하면 됩니다.

팬데믹이 한창일 때 실내에서도 마스크를 쓰지 않는 사람들이 있었습니다. 그렇다고 하더라도 자신이 마스크를 쓸지 말지가 중요할 뿐, 다른 사람이 마스크를 썼는지 어떤지 감시할 필요는 없습니다. 본인에게 맡기는 수밖에 없어요. 자경단이라 불리는 사람들은 진짜 의미에서 정의를 실현한 것이 아닙니다. 허영심에 불과해요.

직장인 C 선생님이 말씀하시는 허영심이란 '나는 악을 막고 있다', '행동하고 있다'라는 식의 생각을 의미하나요?

철학자 그렇습니다. 우연히 본 TV 드라마에서 전쟁 중에 국방의식을 높이기 위해 결성된 부인회 이야기가 나왔습니다. 거기에 '이런 시대에'라는 대사가 나옵니다. 부인회 회원들은 이런 시대에 퍼머를 한 여성, 화려한 옷을 입은 여성을 비난했습니다. 그들은 남성은 아니지만, 명예 남성이라고 할 수 있습니다. 특권을 가진 남성 쪽에 붙어 있다고 착각한 그들이 자신에게 권력이 있다는 것을 과시하기 위해서 '이런 시대에' 전쟁에 협력하지 않는 여성들을 비난한 거죠. 강자를 추종하면서 자신이 잘난 것을 과시하려 한 거예요.

직장인 K 왜 그렇게 되는 걸까요?

철학자 자신감이 없기 때문이죠. 열등감입니다. 정의의 편을 따르는 것으로 비치고 싶은 겁니다. 강한 쪽이라고 해도 되겠죠. 그렇게 함으로써 자신이 잘났다고 생각하고, 그것을 주위에 과시하려는 것뿐이에요.

직장인 K 하지만 그건 정의가 아니죠.

철학자 그렇습니다.

학생 H 애초에 정의가 있나요?

철학자 있습니다.

학생 H 예를 들어 코로나19 사태에서의 정의라면, 확산세가 꺾이도록 이동을 자제한다거나 사태 수습을 돕는 것이 정의인가요?

철학자 그렇죠. 단 그렇게 하는 것이 진짜 정의인지 검증해야 합니다. 그 밖에 타인을 비난하는 방향으로 움직이지 않는 것도 중요합니다. 마스크를 쓰지 않은 사람이 있다고 해도 공격할 이유는 없어요. 일상적인 일이 아니다 보니 깜빡했을 수도 있고, 병 때문에 쓸 수 없는 사람도 있으니까요. 그런 경우도 포함해서 모두가 각자 할 수 있는 일을 하는 것이 정의를 실현하는 것이지, 다른 사람이 마스크를 쓰지 않았다고 공격하는 것은 정의가 아닙니다.

타인을 비난하려 할 때는 다른 동기가 섞여 들어갑니다. 타인보다 잘난 존재로 보이기 위해서 그의 가치를 깎아내리죠. 그럼으로써 상대적으로 자신의 가치를 높이려는 것인데, 정의를 실현하려는 것이 아니라 이익을 보려는 것입니다. 정의를 위해 할 수 있는 것은, 자신이 할 수 있는 것이 무엇인지 생각하고 행동하는 것뿐입니다.

직장인 C 맞아요. 한 사람 한 사람이 생각하고 행동하면 팬데믹이 조금은 진정될지도 모르겠어요. 하지만 정부가 도쿄올림픽을 강행하고 있잖아요(2021년 7~8월에 206개국이 참가해 치러졌다-옮긴이). 그 때문에 감염이 확대될 수도 있는데, 무엇 때문에 개최를 고집할까요?

철학자 돈이죠. 돈이 움직이기 때문입니다. 하지만 돈이라고 노골적으로 말할 수 없으니까 대의명분이 필요하죠. 전쟁을 할 때 대의명분으로 정의가 필요한 것과 마찬가지예요. 고대 그리스의 철학자 플라톤이 지적했듯이, '돈'이라는 목적을 노골적으로 내세우면 아무도 전쟁에 나가려 하지 않았을 거예요. 그래서 정의를 전면에 내세우죠.

직장인 K 그런 점에서 지금의 정치는 너무나 절망스러워요.

철학자 하지만 우리가 해야 할 일은 절망하는 것이 아님니다. 우리가 정의를 잃어버렸다는 사실을 깨닫는 겁니다. 진짜 정의가 무엇인지 생각해봐야 해요. 정치가에게 절망할 필요는 없습니다. 그들은 진짜 정의를 모르지만, 그렇다고 이 나라에 정의가 없는 것은 아니며 정의가 필요하지 않은 것은 더더욱 아닙니다.

직장인 K 정의란 대체 무엇인가요. 그때그때 다른가요?

철학자 플라톤의 표현을 빌리자면, '정의의 이데아'는 있습니다. 보편적인 정의는 있지만, 이 세계에 드러나 있는 것이 완전한 정의는 아닙니다. 개중에는 완전히 빗나간 정의도 있습니다. 다만 이데아는 이상이라는 의미인데, 그 이상이 조금은 반영된 정의가 이 세상에 있습니다. 중요한 것은, 이 세상에서 이뤄지는 정의가 완전한 것이라고 맹신하지 않는 겁니다.

우상숭배라는 말이 있죠? 이 세상에 있는 것 중에 무언가를 완전하다고 생각해서 절대시하는 것을 말하죠. 그러나 이 세상에 있는 것은 무엇도 절대적이지 않습니다.

그와 마찬가지로 가치 역시 절대적인 것이 세상에 실현되는 것은 아닙니다. 한 예로, 코로나19 사태 때 자경단이 한 일은 절대적인 가치를 추구한 게 아닙니다.

학생 H   정의에도 여러 가지가 있다는 말씀이군요. 그것이 진짜 정의인지 가짜 정의인지 가려내는 기준은 있나요?

철학자   자신이 한 행동으로 행복을 실감할 수 있는지를 보는 겁니다. 조작이나 부정 등 부당한 지시를 받고 있는 사람은 그 일을 하는 것이 정의인지 아닌지 생각해봐야 합니다. 부패한 정치에 대한 이야기와도 연결되는데, 누군가에게는 득이 되지만 대다수 사람에게는 피해를 주는 일일 수도 있습니다. 자신이 그 지시를 따랐을 때 과연 행복을 느낄 수 있는지를 봐야 하죠.

직장인 K   부정을 강요받은 사람이 성실한 사람이라면 양심의 가책으로 괴로워할 겁니다. 하지만 부정도 아무렇지 않게 생각하고, 그 일에서 이득을 챙겨 뻔뻔하게 잘 사는 사람도 있어요. 그런 사람에게는 부정을 저지른 것도 행복 아닐까요?

철학자　그런 사람이 진짜 행복할 수 있을까요? 예를 들어 훗날 손자가 "학교에서 친구들이 그러던데, 할아버지는 옛날에 나쁜 짓을 저질렀다면서요?"라고 말한다면 기분이 어떨까요? 돈은 많이 벌어 편안하게 살지 모르지만, 옛날 일을 분명히 후회하겠죠. 자신이 올바른 일을 하고 있는지 어떤지 확인할 수 있는 기준은, 그 일을 함으로써 자신뿐 아니라 가족을 포함한 타인도 행복할 수 있느냐 하는 겁니다.

삶을 바꾸는 서른아홉 번째 걸음
자신은 물론 타인도 행복해질 수 있는 행동을 한다.

행복해지는 수단에 대해 고민할 것

직장인 C 남편의 성공을 바라는 아내라면, 남편이 나쁜 짓
으로 출세해도 괜찮다고 생각하지 않을까요? 만약
그렇다면, 남편의 부정은 선이고 정의라 할 수 있
지 않나요? 자신도 출세해서 기쁘고 아내도 행복
하다면 말이죠.

철학자 저는 이렇게 되묻고 싶어요. 그 사람이 '진짜 하고
싶은 일'을 한 걸까요?

원하는 것은 뭐든 손에 넣을 수 있고, 하고 싶은 것
은 뭐든 할 수 있는 사람이 있다고 칩시다. 타고난
금수저라도 좋고, 좋은 대학을 나와 굴지의 기업에
입사해서 승진 가도를 달린 사람이라도 좋고, 재벌

가의 사위로 들어가 어마어마한 재산을 물려받았다고 해도 좋고요. 그런 사람은 뭐든 할 수 있고 가질 수 있으니 마냥 좋을까요?

직장인 K 부럽지 않은 건 아니지만, 삶이 허망할 것 같아요. 뭔가를 치열하게 해봐야겠다는 동기가 생기지 않을 테니까요.

철학자 맞습니다. 그런 사람은 하고 싶은 것을 하지만 그것이 자신에게 좋은지 어떤지를 몰라요. 소크라테스는 독재자에 대해 이렇게 말했어요. "강력한 힘을 가졌기에 자신에게 좋다고 생각되는 것은 뭐든 하는 것처럼 보이지만, 정말로 원하는 것은 무엇하나 하는 것이 없다."

사람은 보통 자신에게 이익이 되는 일을 합니다. 독재자는 사람을 단칼에 베어 죽이거나, 나라에서 추방하거나, 재산을 몰수하기도 하죠. 그러면서 그것이 자신을 위한 거라고 생각하는데, 그 일이 부메랑이 되어 오히려 자신의 정치적 생명을 끝장내기도 하죠.

학생 H 역사적으로 봐도 독재자들은 끝이 좋지 않았죠.

철학자   사람은 누구나 자신에게 이익이 되는 것을 하려 합니다. 하지만 무엇이 자신에게 이익이 되는지, 무엇이 행복으로 이어지는지는 사람에 따라 다릅니다. 행복해지기를 바라면서 행복해지는 수단을 잘못 선택할 수도 있고요.

 삶을 바꾸는 마흔 번째 걸음

뜻대로 되는 것만이 행복으로 가는 길인 것은 아님을 알자.

행복은 외적 조건에 달려 있지 않다

철학자   살짝 급작스러울 수 있는 이야기를 해보겠습니다. 저마다 '이상형'이라는 게 있지 않나요. 그런 사람을 만나면 모든 것을 우선순위에서 뒤로 미루고 결혼할 수 있습니까?

학생 H   저는 안 해요. 하고 싶은 일들도 있는데 모든 것을 뒤로 미루는 건 내키지 않아요.

철학자   물론 자신이 하고 싶은 일 등을 더 중요하게 여기는 분들도 많을 겁니다. 또 어떤 사람들은 원하는 조건만 갖춰진 이상형이라면 괜찮다고 여기기도 하죠. 부자, 고학력자 등 외적인 조건으로 선택하거나 혹은 그런 조건이 갖춰지면 자신을 좋아할 것이라고 착각하기도 합니다. 하지만 그 조건들이 모두 계속 유지될까요. 게다가 그 조건이 맞아떨어져 결혼을 하더라도 결혼 생활이 탄탄할 거라는 보장도 없습니다.

직장인 C 앞일은 알 수 없으니까요.

철학자 알 수 있다고 생각하는 사람도 있습니다. 그런 사람들은 '서른 살에 결혼해서 아이는 둘을 낳는다' 같은 인생 설계를 하기도 하죠. 고학력에 일류 기업 직원이면 원하는 결혼을 할 수 있고, 뜻대로 인생을 살 수 있다고 믿는 거죠.

그러나 외적인 조건이 언제까지나 유지되는 것은 아닙니다. 예를 들어 경제 환경이 급변해서 잘나가던 회사가 망할 수도 있잖아요. 요즘 세상에서는 드문 일도 아니죠. 그렇게 됐을 때 상대의 고수입, 사회적 지위를 원해서 결혼한 사람은 어떻게 할까요? 행복의 조건이 사라졌으니 결혼 생활이 유지되지 못할 수도 있습니다.

하지만 그 일을 계기로 진짜 행복에 눈을 뜨게 될 수도 있죠. 많은 것을 잃었지만 밑바닥에서 진정한 행복을 발견하는 사람도 물론 있어요.

다만 외적인 조건에 사로잡혀서는 안 됩니다. 플라톤은 돈과 건강, 사회적 지위 등을 좋은 것이라고 봤습니다. 하지만 그것들이 인정받을 수 있는 것은 행복해지기 위한 수단일 때뿐입니다. 벼락부자가 되는 바람에 불행해진 사람은 어느 시대에나 있었어요.

반대로 행복이 목적이면 지금 당장 행복해질 수 있어요. 많은 사람들이 그걸 깨달았으면 합니다.

 삶을 바꾸는 마흔한 번째 걸음
외적인 조건에 행복을 맡기지 않는다.

소유할 때보다 사용할 때 가치가 있다

철학자   아들러 심리학은 '소유심리학'이 아니라 '사용심리학'입니다. 무엇을 가졌느냐가 아니라 가진 것을 어떻게 사용하느냐가 중요하다고 보죠. 돈이든 재능이든 사용해야만 의미가 있습니다.

'인생 게임'이라는 보드게임 아시죠? 마지막에 돈이 가장 많은 사람이 승자입니다. 이상하지 않나요? 죽을 때 돈이 많으면 훌륭한 사람인가요? 살아 있는 동안이면 몰라도, 죽을 때는 돈을 아무리 많이 가지고 있어도 의미가 없어요.

돈은 무엇에 어떻게 쓰느냐가 중요하기 때문에 그저 갖고만 있다고 좋은 것은 아닙니다. 또 언제까지나 소유할 수 있다는 보장도 없어요. 돈뿐 아니라 건강도 마찬가지입니다. 젊은 사람도 순식간에 건강을 잃을 수 있습니다. 그러면 지금까지 가치가 있다고 여겼던 것이 허망하게 무너지고 말죠.

직장인 K   돈도 지위도 건강도, 그것들을 소유할 때 자신의 가치가 올라간다고 생각하기 때문에 갖고 싶어지는 거잖아요. 실제로 손에 넣었을 때 우리의 가치가 올라가는 것 아닌가요?

철학자   올라가지 않습니다. 올라갔다고 느끼는 것뿐입니다. 뭔가를 갖고 있다고 해서 그 사람의 가치가 달라지는 것은 아닙니다. 갑자기 부자가 됐다고 훌륭한 사람이 되는 것은 아니잖아요.

삶을 바꾸는 마흔두 번째 걸음
무엇을 가지느냐가 아니라 어떻게 쓰느냐가 중요하다.

살아 있다는 것만으로도 소중하다

철학자 뭔가를 가지고 있거나 어떤 일을 했기 때문에 자
신에게 가치가 있다는 사고방식에서 벗어나야 합
니다. 그렇게 생각하는 한, 자신의 가치를 높이기
위해서는 끊임없이 뭔가를 달성하고 가져야만 한
다고 생각하게 됩니다. 돈일 수도 있고 사회적 지
위일 수도 있죠. 그리고 그것이 이뤄지지 않는 한
행복해질 수 없어요.

그러나 사람의 가치는 뭔가를 하는 데 있는 것이
아니라 존재하는 것, 살아 있는 것에 있습니다. 달
성한 것이 없고, 가진 것이 없어도 살아 있다는 그
자체에 가치가 있습니다.

직장인 C   세상의 상식과는 달라서 받아들이기 어려워요.

철학자   세상의 상식과는 다르죠. 하지만 아이들을 보고 있으면 살아 있다는 것에 가치가 있다고 생각하는 사람이 많을 겁니다. 그냥 같이 있는 것만으로도 기쁘고 감사하다는 생각이 들죠.

어른도 마찬가지입니다. 그저 살아 있다는 것만으로도 가치가 있습니다. 따라서 가치를 높이려고 전전긍긍하지 않아도 됩니다. 아무 조건도 필요하지 않습니다. 아이 때는 누구나 사랑받았는데, 나이가 들어 주름살이 생기고 체력이 떨어진다고 해서 좋아하지 않게 된다면 이상하잖아요.

일에 지쳤거나 결혼해서 힘든 일을 겪고 본가로 돌아와도 부모님은 따뜻하게 맞아주시죠. 부모는 자식이 성장해 어른이 돼도 어릴 때와 똑같이 생각하기 때문입니다.

학생 H   살아 있다는 것만으로도 자신에게 가치가 있다고 생각할 수 있으면 누구나 언제든지 행복해질 수 있다는 말씀이군요. 하지만 실감하기는 어려워요. 어려서 피아노 경연 대회에서 상을 받았을 때는 기뻤고, 가족도 좋아해 줘서 행복했어요. 하지만 이만큼 자라고 보니, 부모님이 제 생각을 하며 기뻐하시는지 어떤지 잘 모르겠어요.

철학자 사람들은 극한 상황에 처했을 때 자신의 가치에 눈뜨기도 합니다. 반대로, 지금까지 애지중지했던 것에 조금도 가치가 없다는 것을 깨닫기도 하죠.

예를 들어 크게 다쳐서 입원했을 때 가족이 달려와 주면 자신이 살아 있다는 것 자체를 가족이 기뻐한다는 사실을 알 수 있습니다. 자신이 혼자 사는 것이 아니라 사람들과의 유대 속에서 살고 있다는 것을 느낄 수 있죠.

극한 상황이 아니어도, 예를 들어 떨어져 생활하는 부모님이 무사히 하루하루를 지낸다는 걸 알면 기쁘잖아요? 오래 만나지 못해도 부모님 역시 매일 자녀를 생각합니다. 자신이 어떤 모습이든 받아준다는 것을 실감하고 싶다면 전화를 한번 걸어보세요. 부모님만이 아니라 친구나 연인도 좋습니다. 소중한 사람과 이야기를 나눠보세요.

직장인 K 가족도 친구도 연인도 없는 사람도 있잖아요.

철학자　그래도 그 사람이 살아 있다는 것을 기뻐하는 사람은 반드시 있습니다. 가까이에 없을 뿐이죠.

직장인C　아직 만나지 않은 사람도 포함한다는 말씀인가요?

철학자　그렇습니다. 아들러는 공동체의 범위를 행성까지로 본다고 했죠? 그러니 사람은 무조건 포함되죠. 그는 아직 만나지 않은 사람도 공동체의 일원이라고 생각했습니다. 작가에게는 독자가 그 사람입니다. 나는 독자가 한 명이라고 해도 책을 쓸 겁니다. 그 독자는 눈앞에 없어요. 하지만 글을 쓸 때 그 사람의 존재를 느낍니다. 가족도 친척도 없어서 홀로 외롭게 죽어야 한다고 말할 상황이어도 타인과의 유대를 느낄 수 있는 사람은 행복하다고 생각합니다. '지금 여기'서 행복하다고 깨닫는 계기는 두 가지입니다. 첫째는 자신의 가치가 살아 있다는 자체에 있다고 생각하는 것이고, 둘째는 타인과 유대를 느끼는 것이죠.

 삶을 바꾸는 마흔세 번째 걸음
당신이 살아 있음을 기뻐하는 사람이 있다는 사실을 기억하자.

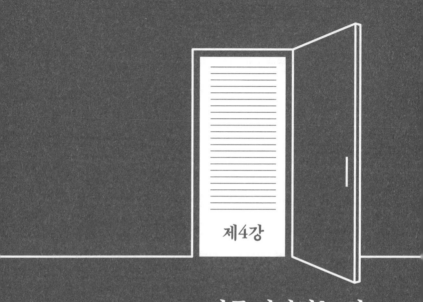

제4강

나를 사랑하는 법

달라지지 않는 나도 사랑할 것

학생 H 지난번 강의 때, 살아 있는 것만으로도 가치가 있
다고 생각할 수 있으면 행복을 느낄 수 있다고 이
야기하셨습니다. 그러려면 가장 먼저 자신을 좋아
해야 하는데, 자신을 좋아하기 위해서 어떤 노력을
해야 하는지 구체적으로 알고 싶습니다.

철학자 자신을 좋아하지 않는 사람이 많습니다. 상담을 받
으러 오는 사람에게 자신을 좋아하느냐고 물으면
대부분 부정적으로 답합니다. 심지어 "너무너무
싫습니다"라고 답한 사람도 있었어요.

직장인 C 저도 자신을 좋아하려고 발버둥 치고 있습니다.

철학자 그렇게 된 건 자신을 좋아할 수 없도록 교육받았

기 때문입니다. 가정에서든 학교에서든, 어른들은 아이들에게 칭찬도 하지만 지적하거나 꾸짖는 일이 더 많죠. 물론 잘못을 저지르면 훈육을 해야 마땅합니다. 하지만 어떤 일에서 실수를 저지르거나 기대만큼의 성과를 내지 못했을 때, "왜 넌 애가 그 모양이냐. 뭔가를 제대로 하는 걸 본 적이 없어"라는 식으로 꾸짖는 어른들도 있습니다. 마치 늘 잘못을 저지른다는 식의 말을 들으면 아이는 괴로울 겁니다. 실수한 행동 자체가 아니라 사람 자체에 문제가 있는 것처럼 들리기 때문입니다. 그런 말을 듣는다면 자신을 좋아하기 쉽지 않을 겁니다.

직장인 C 초등학교 3학년 때 담임 선생님이 그런 분이었어요. 시대에 안 맞게 회초리를 들고 복도를 오가면서 눈에 띄는 아이를 붙잡고 트집거리를 잡아내곤 했어요. 그때마다 빼먹지 않고 하는 말이 "싹수가 노란 녀석"이란 거였어요. 우리는 멀리서 그 선생님 그림자만 보여도 잽싸게 숨곤 했어요.

철학자 잘못된 교육의 폐해죠. 그런 식으로 야단을 맞고 자랐으니 자신을 좋아할 수 있겠어요? 하지만 자신을 좋아할 수 없으면 행복해질 수 없습니다. 자신이라는 도구는 다른 도구와 달리 새것으로 바꿀 수 없기 때문입니다. 자신을 다른 사람으로 바꿀 수는 없습니다. 따라서 자신을 좋아하고 싶으면 있는 그대로의 내 모습에서 장점을 찾고자 노력해야 합니다.

 삶을 바꾸는 마흔네 번째 걸음
지금 자신의 장점을 찾고자 노력한다.

단점을 장점으로 바꾸자

철학자   상담을 할 때 자신을 좋아하지 않는다고 말한 사람에게는 그 생각을 바꿀 수 있도록 다양한 방법으로 돕습니다. 그중 핵심은 자신의 단점이라고 생각하는 것을 장점으로 바라보게 하는 거예요.

단점만 지적당하며 성장한 사람은 어느새 자기도 물들어 자신의 단점만 생각하게 됩니다. 그 오랜 틀을 깨고 나와 다른 관점으로 생각해보면, 지금껏 없애야 하는 단점으로 여겼던 것이 의외로 커다란 장점임을 깨닫게 되기도 합니다.

학생 H   저는 공부를 할 때나 피아노 연습을 할 때, 테니스 시합에 나갔을 때도 집중력이 떨어진다는 주의를 자주 받았습니다. 그래서 집중력 얘기만 나오면 지금도 주눅이 드는데요. 이걸 어떻게 바라봐야 장점이라고 생각할 수 있을까요?

철학자 집중력이 없다는 것은 호기심이 많다는 것입니다. 남들은 무심하게 지나치는 걸 눈을 반짝이며 살펴본 적이 있죠?

학생 H 맞아요! 한번은 피아노 연습을 하는데 교실에 나비가 한 마리 날아 들어왔어요. 노란 날개를 팔랑거리는 그 나비에 정신을 빼앗겼다가 선생님한테 야단을 맞았죠. 옆을 보니 같이 연습하던 친구들은 건반만 바라보고 있더군요. 생각해보니 그런 일이 자주 있었네요. 길을 가다가, 밥을 먹다가, 책을 읽다가 등등. 이걸 산만하다고만 생각해왔는데 호기심이 많다고 말할 수도 있는 거네요?

철학자 그렇습니다. 저는 그것을 분산력이 있다고 말합니다. 지금 시대에 여러 가지를 동시에 해내는 능력은 매우 중요합니다. 한 가지 일밖에 할 수 없다거나 조용한 환경에서만 일할 수 있다는 것은 단점입니다. 동시에 여러 가지를 할 수 있는 것은 매우 큰 장점이에요.

또 "우리 아이는 금방 싫증을 내요"라면서 상담을 청하러 오는 부모가 많습니다. 저는 금방 싫증 내는 것이 아니라 결단력이 있는 거라고 말해줍니다. 자신에게 맞지 않다는 걸 깨달았을 때 유연하게 다른 것으로 옮겨갈 수 있는 것은 장점이잖아요?

직장인 K 친구들을 만나면 이런저런 얘기를 하는데, 가장 자주 하는 얘기가 지금 하는 일이 적성에 맞지 않다는 거거든요. 그런데 누구도 쉽게 그만두질 못해요.

철학자 지금 상태를 유지하면 생활에는 어려움이 없기 때문입니다. 안정을 추구하는 사람은 지금 하는 일이 마음에 들지 않아도 다른 선택을 하지 않습니다. 싫다는 말을 입에 달고 다니면서도 정년퇴직 때까지 근무하는 사람이 많죠. 그리고 예전에는 평생직장이라는 개념이 있어서, 입사한 곳에 뼈를 묻는다는 분위기가 강했죠. 이곳저곳 옮겨다니는 사람을 좋지 않게 보기도 했고요.

하지만 지금은 많이 달라졌어요. 기회가 될 때마다 이직을 하면서 다양한 경험을 하고 경력을 다져가는 사람이 많죠. 이 사람들은 남들보다 결단력이 있다고 볼 수 있습니다. 금방 싫증 내는 것이 아니라 말입니다.

 삶을 바꾸는 마흔다섯 번째 걸음
자신의 단점을 장점으로 바꿔서 바라본다.

지금 할 수 있는 것을 하자

직장인 C   부정적인 것도 장점으로 볼 수 있을까요?

철학자   사건이나 사물을 부정적으로 인식하는 것 말인가요?

직장인 C   별것 아닌 일을 지나치게 신경 쓴다거나 하는 것 것도 포함해서요. 저는 사소한 일까지도 계속 마음에 담아두는 경향이 있어서 기분이 쉽게 가라앉거든요.

철학자   부정적인 성향 자체를 장점으로 바꾸기는 상당히 어렵습니다. 하지만 사물을 표면만이 아니라 더 깊이 들여다본다는 점에서 장점이라고 할 수 있어요. 삶을 진지하게 생각하는 사람이기도 하죠. 이 세상에서 일어나는 일을 자신과 무관하다고 여기지 않고, 뭔가를 할 수 있지 않을까 고민하니까요. 그러다가 할 수 있는 게 없다는 무력감을 느껴서 부정적이 되기도 합니다.

문제는 오히려 그 반대편의 사람들입니다. 세상에서 일어나는 일을 자신과는 무관하다고 생각하며 근거 없이 좋게만 생각하는 사람들이죠. 이들은 "어떻게든 되겠지"라면서 아무런 고민도 하지 않아요. 따라서 행동도 하지 않죠. 그렇게 생각해서 자신을 받아들일 수 있도록 도움을 주는 것이 상담의 역할입니다.

직장인 C   요즘처럼 자본이 중요하게 여겨지는 세상에서는 점점 효율성을 따집니다. 긍정적인 것이 고민하는 시간이 적은 만큼 효율이 좋지 않을까요?

철학자   저는 그런 긍정적인 사람과는 깊게 관계를 맺고 싶지 않습니다. 그런 사람들은 깊이 생각하지 않고 안이해지기 십상입니다. 부정적인 사람은 고민을 하고 진지하게 현상을 바라봅니다. 다만 그 정도가 지나치거나 부정적인 생각에 빠진 채 멈춰선 안 됩니다. 자신이 할 수 있는 것과 할 수 없는 것을 가려내서 할 수 있는 것은 해야 하겠죠. 그러다 보면 거기서부터 자신의 인생이 달라집니다. 나중에 결국 할 수 없다는 것을 알게 되더라도 처음부터 아무것도 하지 않는 것과는 큰 차이가 있습니다. 이를 낙관주의라고 해요.

긍정적인 사람 또는 낙천적인 사람은 아무것도 하지 않습니다. 아들러 심리학에서는 낙관주의와 낙천주의를 구별합니다. 영어로는 둘 다 옵티미즘(optimism)이라고 하는데, 완전히 똑같진 않습니다. 낙천주의자는 어떻게든 될 거라고 생각해서 아무것도 하지 않는 사람입니다. 사실은 저절로 해결될 문제가 아닌데 말이죠. 지금과 같은 세상에서 낙천주의는 위험합니다. 아무것도 하지 않으면 세상이 전혀 좋아지지 않기 때문입니다. 예를 들어 코로나19 팬데믹 초기가 생각나네요. 금방 예전으로 돌아갈 거라면서 마스크 쓰는 사람들을 경멸하는 이들이 있었죠. 전염병이 확산되는 걸 완전히 막을 수는 없었지만, 그래도 많은 이들이 노력했기에 상당 수준 억제할 수 있었죠. 그저 어떻게든 될 거라고 생각해서 아무것도 하지 않았다면 확진자 수가 엄청나게 증가했을 겁니다.

낙천주의자의 반대가 비관주의자인데요. 이들은 애초부터 할 수 있는 게 없다며 포기해버립니다.

우리는 낙천주의도 아니고 비관주의도 아니고, 낙관주의로 살아야 합니다. 매사를 무턱대고 긍정적으로 생각하라는 의미가 아니라 지금 할 수 있는 것을 해야 한다는 뜻입니다.

아들러가 제자에게 이런 이야기를 들려줬습니다.

개구리 두 마리가 우유가 든 항아리 가장자리에서 폴짝폴짝 뛰며 놀고 있었습니다. 정신없이 놀다가 둘 다 항아리 속으로 떨어지고 말았죠.

한 마리는 처음에는 다리를 버둥거려 헤엄을 치며 빠져나가려고 애썼지만, 얼마 안 가 포기해버렸습니다. 개굴개굴 울기만 하며 아무것도 하지 않는 사이에 우유에 빠져 죽고 말았죠.

다른 한 마리는 발을 저으며 열심히 헤엄쳤습니다. 어떻게 될지 모르지만 지금 할 수 있는 것은 발을 움직여 헤엄치는 것이라고 생각했죠. 한참을 그러고 났더니 발밑이 서서히 단단해졌습니다. 우유가 버터가 된 겁니다. 그 개구리는 버터를 딛고 폴짝 뛰어나와 살 수 있었습니다.

그 제자는 훗날 독일의 강제수용소로 끌려갔을 때, 주위 사람들에게 이 이야기를 들려줬습니다. 이야기를 들은 사람들은 살아서 이곳을 나갈지 어쩔지는 알 수 없지만, 할 수 있는 일은 해야겠다고 마음먹었습니다. 강제수용소에서 가스실로 보내진 사람은 전부 죽었는데, 그 전에 정신적으로 이상해진 사람도 많았습니다. 하지만 가스실로 가지 않은 사람 가운데 자신을 낙관주의자 개구리와 동일시한 사람은 살아서 그곳을 나올 수 있었습니다.

 삶을 바꾸는 마흔여섯 번째 걸음
어떤 상황에 처하든 '지금 할 수 있는 것'을 계속한다.

자신을 사랑해야 용기를 낼 수 있다

학생 H   계속 행동해야만 한다는 말씀이군요. 그러려면 에
너지가 필요한데요, 에너지가 솟아나는 원천은 무
엇인가요?

철학자   앞서 단점을 장점으로 바꾸는 이야기를 했죠. 그와
연관된 얘긴데, 자신은 어느 때 자신을 받아들일
수 있느냐를 생각해보는 겁니다. 아들러는 이렇게
말했습니다. "자신에게 가치가 있다고 생각할 때
만 용기를 가질 수 있다."

지금의 자신에겐 가치가 없다고 생각하는 사람이
많은데, 그러면 자신을 좋아할 수 없습니다. 그리
고 자신을 좋아하지 않는 사람은 용기를 가질 수

없습니다. 여기서 용기란 직면한 과제에 정면으로 맞서는 걸 가리키며, 두 가지 의미가 있습니다.

첫째는 일과 공부에 맞서는 용기입니다. 일과 공부에서는 반드시 결과가 나오고 그것으로 평가를 받죠. 대학 입시를 치렀는데 성적이 낮게 나와 원하는 대학에 들어가지 못할 수도 있고, 업무에서 동료들보다 낮은 성과를 내게 될 수도 있습니다. 그런 결과가 걱정돼서 애초에 포기하는 사람도 있는데 그래선 안 됩니다. 결과야 나중 일이고, 지금은 자신이 할 수 있다고 믿어야 합니다. 아들러는 "포기하지만 않는다면 무엇이든지 이룰 수 있다"라고 말했습니다. 시작도 하기 전에 자신에게 할 수 없다는 꼬리표를 붙이는 것에 경종을 울린 겁니다.

둘째는 인간관계 안으로 들어가는 용기입니다. 앞서도 말했듯이, 인간관계 안으로 들어가면 마찰을 겪는 일을 피할 수 없습니다. 그래서 누구와도 관계를 맺지 않으려 하는 사람도 있죠. 이런 사람들은 인간관계 안으로 들어가지 않기 위해 자신에게는 가치가 없다고 생각합니다. 예를 들어, 좋아하는 사람에게 고백했는데 거절당할 수도 있겠죠. 그런 상처를 피하려고 자신에겐 가치가 없다고 믿음으로써 인간관계를 맺지 않을 이유로 삼는 겁니다. 하지만 사람과의 관계가 상처만 주는 것은 아닙니다. 기쁨과 행복도 그 안에 있으니 우리는 용기를 내야 합니다.

 삶을 바꾸는 마흔일곱 번째 걸음
자신의 가치를 믿으면 용기를 낼 수 있다.

사소한 것부터 시작해보자

철학자   자신을 좋아하게 되고 자신에게 가치가 있다고 느끼는 또 다른 계기는 남들에게 도움이 된다고 느낄 때입니다. 그렇다고 대단한 일을 해야만 하는 건 아닙니다. 앞서도 이야길 나눴지만, 그저 살아 있는 것 자체로도 누군가에게는 도움이 될 수 있습니다.

직장인 C   하지만 생산성과 효율을 최고의 가치로 여기는 이 세상에서 그저 살아 있고 존재하는 것만으로 도움이 될 수 있을까요? 일과 학업에서는 특히 그렇지 않나요?

철학자   매사를 사회의 가치관으로 바라보면 그렇게 생각할 수밖에 없을 겁니다. 실적이나 성적은 일이나 공부를 '잘한다' 또는 '못한다'는 가치를 재는 하나의 지표지만, 그것이 자신의 가치를 전적으로 나타내는 것은 아닙니다.

직장인 C   그래도 가치를 재는 하나의 지표임이 분명하다면 그 지표에서나마 좋은 점수를 얻고 싶은 게 대부분 사람의 생각 아닐까요?

철학자   그런 생각으로 애를 썼는데 좋은 점수를 얻지 못하면 자신에게 실망하게 됩니다. 또 반대로, 좋은 점수를 얻었을 때는 자신보다 뒤처지는 사람을 깔보게 되죠.

직장인 K   지난번 강의에서, 병에 걸린 사람도 살아 있는 것만으로 도움이 될 수 있다는 이야기를 하셨습니다. 그건 특수한 사례니까 인정할 만하지만, 건강하고 좋은 대학을 나온 사람이 기대에 미치지 못하는 성과를 내면 자기에겐 가치가 없다는 자괴감이 들 것 같은데요.

철학자   아픈 사람이든 건강한 사람이든, 본질적인 가치에 차이는 없습니다. 존재와 행동으로 구분해서 생각하면 알기 쉬운데요. 아픈 사람은 존재만으로도 다른 사람에게 도움이 될 수 있습니다. 그에 비해 몸을 움직일 수 있는 건강한 사람은 행동으로 남들에게 도움을 주면 됩니다. 하지만 할 수 있는데 하지 않는다고 해서 존재 차원에서의 가치가 없어지는 것도, 존재 차원에서 공헌할 수 없게 되는 것도 아닙니다.

은둔형 외톨이로 살아가는 한 청년이 있습니다. 사람들은 그에게 "사지 멀쩡한 녀석이 뭐 하는 짓이야! 나와서 네 몫의 일을 해"라고 강요합니다. 그런 말로 그 사람을 움직일 수 있을까요? 아닙니다. 오히려 더 숨으려고만 할 겁니다. 그에게는 "너는 그저 살아 있는 것만으로도 나에게 기쁨을 줘. 네가 이렇게 건강하게 살아 있다는 게 나한테 얼마나 큰 축복인지 아니?"라고 말해야 합니다. 그렇게 함으로써 그가 존재 차원에서 자신의 가치를 받아들일 수 있게 해야 합니다.

학생 H 하지만 자신이 존재 차원에서 남들에게 도움을 준다고 생각하면, 행동하기보다 계속 그 상태를 유지하려고 하지 않을까요?

철학자 그렇게는 되지 않습니다. 오히려 누구에게도 존재 차원의 인정을 받지 못한다고 생각하는 사람이 아무것도 하지 않습니다.

자신이 살아 있다는 걸 기쁘게 여기는 사람이 세상에 한 명이라도 있다고 믿는 것은 무척 중요합니다. 그 믿음을 출발점으로, 자신이 할 수 있는 것을 해봐야겠다고 마음먹는 단계로 나아갈 수 있습니다.

한 남성이 자신은 학력도 없고 능력도 없지만 세상 사람들에게 도움을 주고 싶다고 생각했습니다. 그래서 매일 아침 출근 시간이면 집 앞으로 나가 그 길을 지나가는 자동차를 향해 웃으며 손을 흔들기로 했습니다. 운전자들은 지인도 아닌데 자신에게 손을 흔드는 걸 보고 이상한 사람이라고 생각했어요. 하지만 웃으며 인사를 건네는 사람을 누가 나쁘다고 하겠습니까. 그런 인사가 하루에 그치지 않고 며칠 동안 계속됐어요. 이 일은 점차 입소문이 났고, 일부러 출근 경로를 바꿔 그의 집 앞으로 지나가는 사람들도 생겨났습니다. 그리고 그가 웃으며 손을 흔들면 운전자들도 상냥한 인사를 건 넸죠.

지어낸 이야기가 아닙니다. 신문에도 보도됐고, 미국의 정신과 의사 제럴드 G. 잼폴스키(Gerald G. Jampolsky)가 책에서 소개한 이야기입니다. 그 책을 읽은 제가 여러분에게 들려주고 있고요. 정말 놀라운 일 아닌가요? 한 사람의 선행이 시공을 초월해 전 세계로 전파되고 있으니 말입니다.

일테면 은둔형 외톨이도 이처럼 사소한 것부터 시작해보자고 마음먹게 됩니다. 이를 계기로 자신이 존재한다는 것, 살아 있다는 것을 받아들이게 되죠. 저는 그것을 '존재 승인'이라고 하는데, 살아 있다는 것 자체로 승인하거나 승인받는 것은 매우 중요합니다. 존재를 승인받은 사람이라면 계속해서 은둔형 외톨이로 지낼 생각은 하지 않을 겁니다.

직장인 K 그럼 자신이 존재하는 것만으로도 가치가 있다고 생각하기 위해서는 타인의 힘이 필요한 건가요? 다시 말해서 타인에게 승인을 받아야 하는 건가요?

철학자 존재를 승인받으면 거기에서 그치지 않습니다. 자
기 역시 타인을 존재 차원에서 승인하게 됩니다.
그가 살아 있는 것만으로도 기쁘다고 생각하게
되죠.

 삶을 바꾸는 마흔여덟 번째 걸음

살아 있는 것만으로도 가치가 있다고 다른 이에게 공헌하고 있음
을 깨닫자.

사랑받지 못하는 사람은 없다

직장인 C 자신과 타인을 따뜻한 시선으로 바라보는 것이 중
요하군요. 하지만 자신에게 엄격한 사람은 그러기
가 어려울 것 같습니다.

철학자 아들러는 자신에게 엄격한 사람은 우월 콤플렉스
를 가지고 있다고 말했어요. 자신을 엄격히 대함으
로써 자신의 가치를 높이려고 하죠. 남들은 그렇지
않은데 자신은 스스로에게 엄격하다는 점에서 우
월감을 느끼는 겁니다.

직장인 K 우월감을 느끼고 싶어서 자신에게 엄격해진다는
말씀인가요?

철학자 그렇습니다. 자신의 기준을 높이는 것뿐이라면 상

관없는데, 문제는 그 기준을 타인에게도 요구한다는 겁니다. 특히 부모와 자식 간에 그런 일이 많은데요. 부모들은 "내가 어렸을 때는 말이야"라고 운을 떼면서 훈계하길 좋아하죠. 그런 훈계를 듣기 좋아하는 자식은 별로 없을 겁니다.

학생 H 저도 우월 콤플렉스에 빠졌나 봐요. 저는 정말 최선을 다해서 동아리 활동을 하거든요. 그런데 대충 흉내만 내듯이 활동하는 친구들을 보면 화가 날 때도 있어요. '내가 이렇게 애쓰는 거 안 보여?'라는 생각이 들어서요.

철학자 반대로, 자신에 대한 기준을 낮추면 타인을 보는 시선도 달라집니다. 자신이 이렇게 살아 있는 것이 감사하다고 생각할 수 있으면 타인에 대해서도 그렇게 생각하게 됩니다.

이것은 상대에 대한 맹목적인 관대함이 아닙니다. 부모가 자식에 대해 공부를 잘하든 못하든 같이 있는 것만으로도 행복하다고 생각한다면, 그 아이는 자신의 존재를 인정받았다고 생각하게 됩니다. 하지만 부모가 행동 차원에서밖에 가치를 인정해주지 않으면, 자식은 있는 그대로의 자신을 봐주지 않는 부모에게 서운함을 느끼게 됩니다.

학생 H 아기 때는 걸음마만 떼도 손뼉을 쳤을 텐데, 왜 자식이 커갈수록 잔소리만 늘어나는 걸까요? 변함없이 계속 사랑해줄 수는 없는 걸까요?

철학자 상담실을 찾는 사람들 중에는 자기가 누구에게도 사랑받지 못한다고 생각하는 이들이 종종 있어요. 아들러는 그들을 '미움받는 아이'라고 부릅니다. 대부분 아이는 누군가에게 사랑을 받죠. 이 세상에 태어나 살아가면서 누구에게도, 한 번도 사랑받지 못하는 사람은 없습니다. 상담을 할 때는 이 사실을 깨닫도록 도움을 줍니다. 당신 역시 태어났을 때 부모가 사랑해줬을 거라고 얘기해주죠. 힘든 인생을 살아온 탓에 조금도 사랑받지 못했고 심지어 부모를 포함해 자신을 사랑한 사람이 아무도 없다고 하는 사람도 있습니다. 하지만 그의 존재를 지지하고 사랑해주는 사람이 있다고 생각해주기를 바라기 때문에 언젠가 만날 수 있을 것이고 나부터 당신을 응원하는 존재가 되고 싶다고 말합니다.

학생 H 엄청나게 가난한 집이나 부모가 학대하는 집 등 불행한 가정에서 태어난 아이도 있잖아요. 저는 그 정도까지 불행하진 않지만 부모님이 지나치게 엄격하고 구속이 심하다고 느낄 때가 있습니다. 그럴 때면 부모가 전적으로 이해하고 사랑해주고, 경제적으로도 아무 걱정 없는 행복한 가정에서 태어난 사람들이 부러워져요. 태어나면서부터 부모로 인해 불리한 조건을 갖게 돼도 행복해질 수 있나요?

철학자 행복해질 수 있습니다. 부모가 행복을 만들어주는 것은 아니기 때문입니다.

직장인 C 물론 그렇지만, 폭력을 휘두르거나 자식의 직장까지 찾아와 돈을 요구하는 식으로 부모가 불행의 원인이 되는 경우도 봤어요. 하지만 현실적으로 부모와 연을 끊기는 상당이 어려운 듯하더라고요.

철학자 C씨 정도의 나이라면 부모와 절교하는 것이 절대 불가능한 일은 아닙니다. 상담을 하다 보면 학대받고 자란 사람이 오히려 부모 편을 드는 경우가 있어요. 하지만 폭력을 휘두르는 부모는 미워해야 합니다. 그래야 자기 자식에게 대물림하지 않을 수 있어요. 부모에게 맞고 자랐으면서도 '부모님은 나를 위해서 그러신 거야. 부모님께도 좋은 면이 있어'라고 생각하면, 자기 자식에게도 "널 위해 이러는 거야"라며 매를 들 수도 있거든요.

자신이 살기 힘든 것을 부모 탓으로 돌리는 것도 문제입니다. 부모의 영향력이 절대적인 것처럼 느껴져도 거부할 수 있습니다. 어릴 적에는 할 수 없었어도 성인이 되고 나면 할 수 있죠.

자신에게 피해를 준 부모를 옹호하는 것도, 자기 인생인데 부모 탓을 하는 것도 결국은 부모에게 의존하는 겁니다.

직장인 K   하지만 연을 끊는다고 하면 부모가 슬퍼하지 않을까요?

철학자   그것은 자식의 과제가 아닙니다. 처음에도 말했지만 부모라도 자신의 삶을 불행하게 만든다면 선을 긋거나 거리를 둘 수 있어야 합니다.

학생 H   존재 차원에서 자신을 인정해주지 않는 부모 밑에서 성장해 자신에게 계속 높은 기준을 부과하는 것은 고통일 겁니다. 계속해서 노력하고 한계에 도전하는 삶을 살아가야 하잖아요. 기준을 낮출 때, 앞서 논의한 단점을 장점으로 바꾸는 방법이 도움이 되나요?

철학자　그걸 출발점으로 삼을 수 있습니다. 하지만 자신을 다른 것으로 바꿀 수는 없습니다. 주어진 것이 무엇이냐가 아니라 주어진 것을 어떻게 사용하느냐가 중요합니다. 자신이 이미 갖고 있는 것에 더해서 뭔가를 더 갖기보다 이미 갖고 있는 것에 대해 관점을 바꾸는 겁니다.

직장인 C　저도 지금까지 이미 가진 것보다 뭔가를 더 갖기 위해 애써왔습니다. 자기계발을 하고, 기술적인 능력도 키워야 하고, 게다가 멋진 몸도 만들어야 한다는 강박이 있어요. 지금의 자신으로는 부족하니 가치를 높여야 한다는 생각뿐입니다. '좋아할 수 있는 자신'이 되고자 할 때 이런 방식을 택하는 건 잘못된 건가요?

철학자　왜 자신을 좋아하고 싶은지를 생각해보면 답을 알 수 있습니다. 목적은 행복해지는 것이잖아요? 공부에 관해서 말하자면, 대학에 들어가거나 자격증을 취득하기 위해서 공부하는 것이 꼭 나쁜 것은 아닙니다. 하지만 그것이 이뤄졌다고 해서 반드시 행복해질 수 있는 것은 아니죠. '좋아할 수 있는 자신'의 모습을 세상에 맞추려 하는 것이 문제입니다.

직장인C 세상에 맞추는 것이 아니라 동경하는 사람이나 이상적인 자신이 있잖습니까. 그것을 목표로 하는 것도 안 되나요?

철학자 이상을 지향해선 안 된다거나 참아야 한다는 뜻은 아닙니다. 오히려 이상을 추구해야죠. 단, 자신은 있는 그대로의 자신임을 잊어서는 안 됩니다. 동경하는 사람이 되더라도 진정한 자신이 아니라면 의미가 없습니다.

삶을 바꾸는 마흔아홉 번째 걸음
자신에게도 타인에게도 지나치게 높은 기준을 강요하지 않는다.

성공하지 않아도 괜찮다

철학자　세상의 가치관은 성공을 중시하는 모델입니다. 성
공하기 위해서 자격증을 취득하죠. 이익이 되는 것
이 곧 선이라는 생각이 바탕에 깔린 겁니다. 하지
만 자격증을 취득한다고 해서 행복해질 수 있는
것은 아니에요. 그것을 어떻게 사용하느냐가 문제
입니다. 지식을 가진 것만으로는 소용이 없고, 그
지식을 통해 사람들에게 도움을 줄 수 있는 사람
이 행복한 인생을 보낼 수 있습니다.

직장인 C　지금까지 말씀하신 것 중에 가장 실행하기 어려운
이야기예요. 시대를 거꾸로 가야만 할 것 같아요.

철학자　맞아요. 이런 이야기를 하면 내가 시대에 역행한다

고 말하는 사람이 있어요. 상식과 너무 동떨어진 관점이라며 곤혹스러워하는 사람이 많습니다.

하지만 모두가 앞만 보고 달릴 때 뒤에서 조금 천천히 걷는 인생도 괜찮지 않을까요? 다른 사람과 비교할 필요 없습니다. 앞을 향해 달려가야만 하는 것은 아닙니다. 자신의 속도로 천천히 걸으면 됩니다.

직장인 C   그런 인생을 살면 주위에서 업신여기지 않을까요?

철학자   그런 사람은 무시하면 됩니다. 20세기의 철학자 미키 기요시는 "성공은 양적인 것"이라고 했습니다. 그래서 수입이 많은 것이 성공이라고 생각하는 사람이 있습니다. 지난번 이야기를 적용해보자면, 고수입의 상대와 결혼하고 싶어 하는 사람이 그 예죠.

하지만 행복은 양적인 것이 아니라 질적인 것입니다. 보다 많이 행복해진다는 건 있을 수 없습니다. 타인과 비교할 수 있는 것이 아닐뿐더러 애초에 행복은 측정할 수 없습니다.

직장인 C   지금까지 행복에는 조건이 필요하다고 생각하며 살았습니다. 뭔가를 달성하거나 손에 넣으면 행복해질 수 있다고요. 그런데 그렇지 않다는 말씀이군요. 지금 여기, 있는 그대로의 나로서 행복하다고 느낄 수 있으려면 어떻게 해야 하나요?

철학자 지금 여기, 내가 살아 있다는 것이 타인에게 도움이 되는지 돌아보는 게 우선입니다. 저는 부모로서 자식들이 살아 있다는 것에 감사합니다. 거기에 어떤 조건도 달지 않습니다. 대개의 부모는 자식을 그런 눈으로 바라봅니다.

단, 부모 중에는 양적인 성공에 사로잡혀서 그 가치관으로 자식을 바라보고 높은 기준을 부과하는 사람도 있습니다. 부모의 그런 가치관을 충족시킬 필요가 없다는 것을 깨달았다면 자식이 반항하면 됩니다.

예를 들어 학력을 중시하는 부모 밑에서 성장한 자식이 학교에 가지 않겠다고 선언했다고 합시다. 그럼 처음에 부모는 공황 상태가 됩니다. 하지만 시간이 지나면, 자신들은 자식이 고학력이었으면 좋겠다고 생각했지만 그렇지 않은 삶도 있다는 것을 배울 수 있습니다. 머지않아 자식이 학교에 가든 말든, 고학력이든 아니든 살아 있는 것을 감사히 여길 수 있게 됩니다. 자식이 태어났을 때는 분명히 그렇게 생각했다는 것도 떠올릴 수 있습니다. 이처럼 어른들의 가치관이 그르다고 생각된다면 젊은 사람들이 흔들면 됩니다. 어른과 똑같이 행동하면 나중에 자식이 생겼을 때 그 아이들에게 무의식적으로 또 높은 기준을 부과하게 됩니다. 연쇄고리는 자기 선에서 끊어야 합니다.

학생 H 자신이 당해서 고통스러웠으니까 똑같은 일을 되풀이해선 안 된다는 말씀이군요.

철학자 네, 안 됩니다. 그렇게 하기 위해서는 자신이 부모 세대의 가치관에 세뇌되거나 휘둘리지 말아야 합니다. 어른들의 가치관에 영향을 받지 않고 스스로 생각해야 합니다. 자신의 가치관을 가져야 하죠. 여기에는 용기가 필요합니다. 사회에 역행하는 삶이기 때문이죠.

그 용기를 갖기 위해서는 무엇보다 자신에게 가치가 있다고 생각하는 것이 중요합니다. 그런데 요즘은 그렇게 생각하는 사람이 무척 드물어요.

직장인 K 맞아요. TV나 SNS, 길거리의 광고판만 봐도 더 발전해야 한다, 더 멋있어져야 한다 같은 메시지가 넘쳐나요.

철학자 그런 메시지를 보고 뭔가 해야 한다고 생각하는 사람들은 스스로 아무것도 결정하지 못합니다. 자신의 인생을 살지 않아요. 타인이 불어넣은 가치관을 충족시키려고 하죠.

'다른 사람이 어떤 인생을 살든 나는 이런 인생을 살고 싶다'라는 의지가 있어야 합니다. 고수입 직종에 종사하지 않아도 행복한 인생을 보낼 수 있습니다. 어떤 일을 하든 자기 일을 즐길 수 있습니다. 반대로, 아무리 수입이 많아도 일이 재미없거나 힘들다고 느끼는 사람이 있습니다. 쉬지 않고 일만 하다가 과로사하는 경우도 있고요.

아무리 수입이 많아도 행복을 느낄 수 없는 삶이라면 무슨 의미가 있을까요? 성공이 행복의 절대조건이 아님을 꼭 기억하기 바랍니다.

직장인 C 머리로는 알지만 가치관을 바꾸기가 쉽지가 않아요. 성공은 절대 행복으로 이어질 수 없나요?

철학자 예전에 어떤 여성을 상담한 적이 있었습니다. 그녀는 해야 할 일이 많은데 연인이 좋아서 그와 함께하는 시간을 더 우선으로 여기는 점을 고민했습니다. 자신만의 시간도 가져야 하고, 해야 할 일도 있는데 그와의 시간에 더 마음을 빼앗긴다는 것이 고민이었습니다. 그와의 시간이 그녀의 삶을 망가뜨릴 정도가 아니라면 저는 그녀가 보내는 지금 그 순간에 만족하는 것이 중요하다고 생각했습니다. 효율성을 따지는 시대다 보니 모두가 더 가치 있고 의미 있는 일을 해야 한다는 강박을 갖고 있습니다.

직장인 C 경쟁하는 것이 당연한 시대고, 늘 지금 이대로는 부족하고, 남과 비교하게 되는 것 같아요. 저부터 숨이 막힐 때가 있어요.

철학자 방금 예로 든 여성의 이야기를 다시 하자면 그녀가 중요하게 생각하는 일들을 하지 말라는 이야기는 아닙니다. 다만 남자친구와 함께 있을 때 그 순간을 즐기지 못하고 해야 할 일을 못하는 자신에 대한 죄책감을 갖지 않아도 됩니다. 헤어진 이후에 자신의 일에 몰입하면 됩니다. 연인과 있는 시간은 행복할 겁니다. 하지만 할 일을 하지 않으면 안 된다고 생각하면 그 순간의 행복이 어딘가로 가버리죠.

직장인C 하지만 행복보다 뭔가 결과를 내는 것이 중요하다는 생각을 하게 됩니다.

철학자 단순히 결과를 내고 성공하는 것이 사회나 타인의 기준으로 중요하게 생각하는 길인지 자신이 원하는 인생인지 돌아봐야 합니다. 누구도 아닌 자신의 행복을 위해 자신이 중요하게 여기는 가치관과 살고 싶은 인생이 무엇인지 생각해야 합니다. 예를 들어 열심히 공부하기로 결정했다면 그렇게 하면 됩니다. 열심히 공부하면 지망하는 학교에 합격하거나 자격증을 취득하겠지만 그것이 목적은 아닐 겁니다. 우리는 성공을 위해서가 아니라 행복해지기 위해서 살아가는 거니까요. 행복을 목표로 내걸고 공부할 필요는 없습니다. 배우고 있다는 감각을 소중히 여기며 공부한다면 배우는 그 순간순간이 행복입니다. 그렇게 공부하면 결과적으로 대학에 합격할 수도 있고, 자격증을 취득할 수 있을 수도 있죠. 하지만 그것이 배움의 목적은 아닙니다.

학생 H 결국 행복은 자신의 기준으로 정해야 하고 이런 자립이 동반돼야 가능하다는 말씀인가요? 지금 행복하지 않다면 자립하지 못한 건가요?

철학자 그렇습니다. 우리는 늘 평가를 받습니다. 그래서 자신의 가치를 스스로 인정할 수 없게 된 겁니다. 중요한 것을 스스로 결정할 수 없게 된 것이죠. 다른 사람에게 인정받으려는 인정욕구를 버리고, 평가에 좌우되지 말고 자립해야 합니다. 타인의 평가로 자신의 가치가 결정되는 것은 아님을 알아야 합니다. 게다가 타인의 평가도 신뢰할 수 없는 경우가 있습니다. 남들의 기대를 충족시키거나 인정을 받기 위해서 살 필요는 없습니다.

삶을 바꾸는 쉰 번째 걸음

자신이 중시하고 싶은 가치관을 스스로 선택한다.

도움을 받았을 땐 고맙다고 말하자

직장인 K 타인에게 도움이 된다는 느낌, 공헌감이 행복으로 이어진다면, 타인에게 인정받는 것이 행복의 조건 아닐까요? 그렇다면 행복해지기 위해서는 타인에게 의존해야만 하는 건가요?

철학자 아니요. 타인에게 인정받는 것이 행복의 필수 조건은 아닙니다. 공헌감은 타인에게 인정받지 않아도 느낄 수 있습니다. 사람들은 누군가가 도움을 주면 고맙다고 말합니다.

반면 내가 한 일이나 나의 존재에 대해서 남들이 고맙다고 말해줄지 어떨지는 알 수 없습니다. 하지만 그 말을 듣지 않더라도 누군가에게 도움이 됐다는 건 스스로 충분히 느낄 수 있습니다.

감사의 말을 듣지 않으면 직성이 풀리지 않는 사람도 있습니다. 가족이 맛있게 식사를 한 후의 장면을 한번 그려보겠습니다. 남편과 아들, 딸은 식탁에서 일어나 소파로 가서 TV를 보며 즐겁게 웃습니다. 혼자 남은 아내는 그릇들을 주섬주섬 챙겨 설거지를 시작합니다. 누구도 신경 쓰지 않고 자기들끼리 웃느라 왁자지껄합니다. 기껏 요리를 해서 먹이고 뒷정리까지 하는데 아무도 고맙다는 말을 하지 않는 겁니다. 아내는 화가 나서 접시가 깨질 정도로 요란스럽게 설거지를 합니다.

그와 달리 대가를 바라지 않고 헌신하는 사람도 있습니다. 이것이 자립한 상태입니다. 이런 사람들은 타인에게 인정을 받느냐 아니냐는 신경 쓰지 않습니다. 오히려 아무도 모르기를 바랍니다. 저는 집에서 집필 작업을 할 때가 많아서 가족이 외출한 다음 집안일을 했습니다. 그것에 대해 고맙다고 말해주는 사람이 없어도, 제가 가족에게 도움이 된다는 걸 스스로 알기 때문에 기쁘게 할 수 있습니다.

직장인 K 그러다 보면 잡일을 전부 떠맡게 되거나 이용당하지 않을까요?

철학자 그렇지 않습니다. 그렇게 되는지 어떤지 한번 해보세요.

직장인 K 저는 어떤 도움을 받았을 때 적극적으로 고맙다고 말합니다. 아무리 사소한 것이라도 꼭 그러기로 정해둔 제 삶의 방침입니다. 그런데 제가 도움을 줬을 때 상대 입에서 고맙다는 말이 나오지 않으면 내심 기분이 좋지 않습니다. 이것은 자립하지 못했다는 증거인가요?

철학자 네, 자립하지 못한 겁니다. 그런 사람은 고맙다는 말을 듣지 못하는 상황을 의도적으로 경험하는 훈련을 해야 합니다.

직장인 K 일에서는 거의 신경 쓰지 않지만 사생활에서는 신경 쓰입니다. 아내가 컵을 사용하고 싱크대에 두면 제 컵을 씻으면서 내친김에 같이 씻곤 하는데, 아내는 당연한 듯이 받아들이는 것 같습니다. 가끔은 한마디 하고 싶어집니다.

철학자 그런 식으로 생각하지 않는 훈련을 해야 합니다.

직장인 K   어떻게요?

철학자   그냥 하는 겁니다. 무언가를 했을 때 '고맙다'라고
말해주기를 기대하지 않는 훈련입니다. 앞에서 말
한 설거지의 경우도, 자신이 하는 것을 특별한 일
로 생각하지 않고 그냥 하는 겁니다. 집안일을 누
가 할지 역할을 고정할 필요는 없습니다. 앞의 예
에서는 아내라고 가정했지만, 남편이나 자식이 해
도 됩니다. 그냥 '오늘은 내가 해야지'라고 생각한
사람이 하면 되는 겁니다.

단, 남들에게 도움을 받았을 때는 적극적으로 고맙
다고 말하면 됩니다. 예를 들어 마트에서 물건을
살 때도 계산대의 직원에게 고맙다고 말하는 것이
좋습니다. 제가 이런 말을 했더니 누군가가 "저 사
람한테는 그게 일인데 왜 고맙다고 해야 해요?"라
고 묻더군요. 하지만 그건 잘못된 생각입니다. 일
이기는 하지만 자신을 위해 시간을 내어 뭔가를
해준 사람이니 고마워하는 게 당연하죠. 누군가에
게 도움을 주었을 때 그가 그 도움을 당연하게 여
기면 싫을 수 있습니다. 하지만 고맙다고 말하지

않는다고 해서 불만을 가질 필요는 없습니다. 누군가에게 도움을 주고 있다는 감각을 중요히 느끼면 됩니다. 만일 자신이 도움을 받는 입장이라면 고맙다고 말할 것이라 생각하면 됩니다.

 삶을 바꾸는 쉰한 번째 걸음
고맙다는 말을 기대하지 말자. 그러나 도움을 줬다는 감각은 중요하게 여기자.

기브 앤 기브

직장인 K   대가 없이 도움을 주라는 말씀인가요?

철학자   그렇습니다. 대가를 바라는 건 좋지 않아요. '기브 앤 테이크'가 아니라 '기브 앤 기브'여야 합니다. 이 정도 했으니까 이 정도 해주면 좋겠다고 바라는 건 잘못된 겁니다. 지금 사회에서는 기브 앤 테이크가 상식으로 통하는데 그것은 자립한 사람의 사고방식이 아닙니다.

만일 기브 앤 테이크를 당연하게 여긴다면 상대에게 무언가를 해줬을 때 돌아올 것을 기대하고, 기대가 채워지지 않으면 실망하게 됩니다. 내가 한 일이 어떤 형태로든 돌아올 수도 있습니다. 거대한 세계로 규모를 확장한다면 말이죠. 단, 지금 베푼 선의가 눈앞의 사람에게 바로 돌아올 것을 기대하지는 말아야 합니다.

학생 H 감사 인사 정도는 기대해도 되지 않을까요?

철학자 글쎄요. 저는 오랫동안 간호학과 학생들에게 철학과 심리학을 가르쳤습니다. 어느 날 학생 한 명에게 왜 간호사가 되려 하는지 물어본 적이 있어요.

학생 H 뭐라고 대답했나요?

철학자 환자에게 고맙다는 말을 듣고 싶어서라더군요.

학생 H 그런 말을 들으면 기쁘잖아요. 보람도 느껴지고요.

철학자 기쁘겠죠. 하지만 고맙다는 말을 듣고 싶어서 간호사가 된 사람이 예를 들어 중환자실에 배치되면 어떤 일이 일어날까요?

그곳에는 의식이 없는 환자가 많아요. 환자를 아무리 헌신적으로 간호해도 고맙다는 말을 들을 수 없습니다. 그 말을 기대하고 간호사가 된 사람은 무척 실망하겠죠.

직장인 C 부모가 자식한테 해주는 일도 기브 앤 기브의 예가 되겠네요.

철학자 그렇습니다. 자식이 자란 후 부모한테 받은 사랑을 돌려주려고 해도 그럴 수가 없습니다. 부모는 밤에도 잠을 자지 않고 자식을 돌봤거든요. 그렇지만 부모는 자식이 행복하게 살고 있는 것으로 충분히 보답받았을 겁니다. 그래도 뭔가 하고 싶다면 자기 자식이 생겼을 때 자식에게 돌려주면 됩니다. 만일 자식이 없다면 사회에 돌려주면 되고요.

제가 젊었을 때, 그리스어를 가르쳐준 선생님이 계셨습니다. 독서 모임 형식으로 진행됐는데, 수업료가 얼마냐고 물었더니 이렇게 말씀하셨어요. "수업료는 필요 없습니다. 그래도 수업료를 내고 싶다면, 나중에 당신에게 그리스어나 라틴어를 배우고 싶다는 사람이 나타날 때 그 사람에게 수업료를 받지 않고 가르쳐주세요."

그 후 실제로 저는 그리스어와 라틴어를 가르쳤습니다. 대학에서도 가르쳤지만 개인적으로도 무료로 가르쳤죠. 지금의 경제 원리에는 들어맞지 않지만, 이런 형태의 기브 앤 테이크는 있어도 좋다고 생각합니다.

직장인 K   저도 선생님처럼 많은 이들에게 도움이 되는 사람이 되고 싶습니다.

철학자   자신이 할 수 있는 것으로 도움을 주면 됩니다. 한때 근무했던 병원의 정신과에서는 환자들과 요리를 해서 점심을 만들어 먹었는데, 식사 준비를 돕지 않는 사람이 있어도 누구도 불평하지 않았습니다. 왜냐하면 암묵적인 룰이 있었기 때문입니다. '오늘은 건강하니까 식사 준비를 돕지만 내일은 어떻게 될지 모른다. 만일 내일 도우지 못해도 양해해달라.' 그래서 건강한 사람이 식사를 준비했습니다. 저는 그때 이것이 건전한 사회의 축소판이라고 생각했어요.

직장인 K   그러면 정말 좋겠지만, 쉬운 일이 아니라는 생각이 들어요. 지금 사회는 자기 일은 자기가 책임져야 한다는 분위기예요. 예를 들면 의료보험이나 연금 같은 제도를 두고 왜 자신들이 가난한 사람을 돌봐야 하냐고 불평하는 이들이 많아요. 불경기가 이어져서 그런지 시간이 갈수록 그 목소리는 점점 커지고 있어요.

철학자　살벌한 사회죠. 하지만 그것이 주류라고 하더라도 한 사람이라도 가치관을 바꿔야 합니다. 자기책임은 어디까지나 스스로 자기 삶에 책임을 지는 것으로, 타인에게 자기책임을 강요하는 것은 잘못된 겁니다. 아들러는 이렇게 말했어요. "나는 정치가가 행복하게 해줄 거라고 생각하지 않는다. 그래서 자신의 책임으로 행복해지는 것을 선택한다. 부패한 정치하에서도 행복해지고자 노력하고 싶다." 이것이 자기책임입니다.

직장인 C　하지만 자기 일만으로도 벅차서 타인까지 돌볼 수 없다는 건 현실적인 문제가 아닐까요? 적은 월급에서 세금을 떼어 생판 모르는 남을 위해 사용한다고 생각하면 화가 날 때도 있습니다.

철학자　자신을 위해서만 쓰이면 괜찮나요? 만약 큰 병으로 수술을 받게 된다면 수술비 부담이 클 겁니다. 지금 그런 상황에 처한 사람들에게 당신이 도움을 주는 거죠. 그리고 나중에 당신이 수술을 받게 될 수도 있으니 그때를 대비하는 거죠.

자신이 한 일이 돌고 돌아서 자신에게 돌아온다는

주제의 영화가 있었죠. 미미 레더(Mimi Leader) 감독의 〈아름다운 세상을 위하여〉입니다. 그런데 거기에는 저의가 있다는 생각이 듭니다. '지금 뭔가를 해두면 돌아오는 게 있을 것이다'라는 기대 말이죠. 그런 기대는 하지 말아야 합니다. 대가가 없더라도 당신이 한 일로 행복해질 수 있다면 그것으로 충분하다고 생각해야 합니다. 보통의 부모는 자식에게 이만큼 했으니까 크면 돌려주겠지 같은 생각은 하지 않죠.

직장인 K 들으면 들을수록 평범하지 않은 경지처럼 생각됩니다. 선생님이 좀 전에 말씀하신, 병원에서 식사 준비를 돕지 않는 사람이 있어도 누구도 불평하지 않았다는 이야기는 정말 뭉클했어요. 그런 일이 사회에서도 일어날 수 있지 않을까요?

철학자 그럴 거라고 믿습니다. 저는 '지금 여기를 산다'라는 말을 자주 하기 때문에 찰나주의라는 지적을 받곤 하는데, 앞으로의 일도 생각해야 합니다.
자신만 좋으면 된다는 생각은 잘못된 겁니다. 많은 사람이 지나치게 자기중심적입니다. 내가 한 만

큼 돌려받아야 한다거나 손해는 보지 않겠다고 생

각하죠. 그러면 자국 중심주의도 될 수 있습니다.

예를 들어 자기 나라만 평화로우면 된다는 생각은

이상한 거죠.

삶을 바꾸는 쉰두 번째 걸음

타인에게 요구하지 말고 자신에게 집중한다.

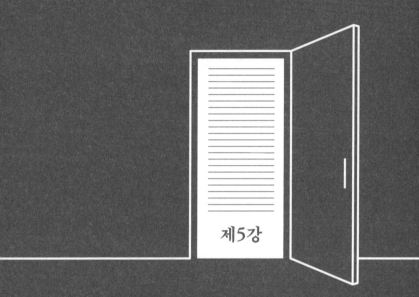

제5강

지금 이 순간,
그리고 인생을 즐길 것

어린아이처럼 지금을 즐기자

철학자 지난번 강의에서는 '존재 차원에서의 행복'이란
이야기를 했습니다. 이번에는 '지금 여기의 행복'
에 대해 이야기를 나눠봅시다.

시간 축으로 행복을 생각했을 때, 성공을 목표로
하는 사람들은 지금이 아니라 미래를 생각합니다.
성공하기 위해 공부와 일에 전념하면서 매 순간
최선을 다하죠. 그런 의미에서 성공이란 지금이 아
니라 미래의 일입니다. 그러나 미래에 성공할지 어
떨지는 알 수 없어요.

지금의 청년들을 볼 때 가엾다는 생각이 드는 것
은 그런 이유에서입니다. 어릴 때부터 장래를 생각

해 열심히 공부했잖아요? 그런데 대학에 들어가니 난데없는 전염병으로 휴교 조치가 내려졌습니다. 지난 시간 어른들은 빛나는 미래가 기다리고 있다며 지금은 참고 노력할 때라고 말했죠. 그래서 현재를 희생하며 열심히 달려왔는데 막상 뚜껑을 열어보니 대학 수업조차 받을 수 없는 현실에 직면한 겁니다. 이 일을 계기로, 대학생이 될 때까지 10여 년간 장래만 생각했는데 그때그때 즐겼어야 했다고 깨달은 사람이 있을 거라 생각합니다.

저 역시 언제나 현재를 즐겨야 한다고 생각하는데, 여러분은 어떠세요?

학생 H 맞는 말씀이에요. 좀 더 즐겼어야 했어요. 그렇지만 행복에는 조건이 있는 줄 알았어요. 어릴 때 '피아노 경연 대회에서 우승하면 행복해질 수 있다'라고 생각한 것처럼, 뭔가를 이뤄야 행복해지는 거라고 말이죠.

철학자 하지만 우승하지 못할 수도 있죠. 조건을 달성하지 못할 수도 있습니다. 목표가 좌절되었기 때문에 일시적으로 실망할 수 있어도 자신의 중요한 가치나 행복해야 한다는 사실은 그대로여야 합니다. 아이들은 어른들의 부채질이 없으면 지금 이 순간을 즐길 수 있을 겁니다. 어른들의 가치관에 물들지 않고 자랐다면 말이죠. 그런데 성장하는 과정에서 점점 현재를 즐길 수 없게 됩니다. 초등학교 입학 전의 아이들이 장래를 생각하는 일은 거의 없죠. 앞날, 내일의 일조차 생각하지 않고 지금을 힘껏 삽니다. 최선을 다해 놉니다.

그런데 어른은 계획해서 살죠. '내일 출근하려면 일찍 잠자리에 들어야 해' 같은 생각을 합니다. 하지만 아이들은 그런 생각을 하지 않고 녹초가 될 때까지 놀아요. 그렇게 매일을 보냅니다.

행복해지는 방법은 간단합니다. 어릴 때처럼 순간에 충실하면 됩니다.

 삶을 바꾸는 쉰세 번째 걸음
어린아이처럼 최선을 다해 지금을 즐긴다.

나에게 행복을 주는지를 생각하자

직장인 K   이 사회는 어른들이 만들었습니다. 그래서 성공을
목표로 열심히 노력해야 한다는 어른들의 가치관
에 지배받고 있죠. 이런 상황에서 어릴 때의 생활
방식을 떠올리기란 굉장히 어렵습니다.

철학자   그렇게 어려운가요?

직장인 K   어렵습니다. 하지만 달라지고 싶어요. 앞서도 말했
지만, 저는 영업 일을 하고 있어요. 할당량을 생각
하지 않고 고객 한 사람 한 사람에 맞춰 진지하게
제안을 하고 싶은데, 회사에서 정해둔 목표치가 있
습니다. 목표를 달성하지 못하면 수당을 받을 수
없어요. 이런 상황인데 제도를 고려하지 않고 제가

하고 싶은 대로 할 수 있을까요?

철학자 제도에 자신을 맞추는 삶은 본래는 잘못된 겁니다. 하지만 생계가 걸려 있기 때문에 일을 그만두기는 어렵겠죠. 먹고살 수가 없으니까요.

그렇다고 할지라도, 바라지 않는 일을 하는 것으로 인생을 허비해도 되는지 생각해야 합니다. 현실적으로 어쩔 수 없다고 생각하면 이야기는 거기서 끝나버리는데요. 그런 현실을 받아들여야만 할까요? 그렇지는 않을 겁니다.

본래 이래야 하지 않느냐를 생각하는 것이 철학입니다. 현재 상황이 아무리 어려워도 이렇게 살아도 될까, 이렇게 일해도 될까 끊임없이 생각해야 합니다. 많은 사람이 그런 생각을 하는 걸 상당히 오래전에 그만둬 버렸어요.

학생 H 제도에 영합하지 말라는 말씀이군요. 이것도 자립이네요. 최근에는 어른들뿐만 아니라 대학생도 하고 싶은 일보다는 어떻게든 취직만 할 수 있으면 좋겠다는 사람이 많아요. 저도 졸업 전에 취업을 확정받고 싶어서 기를 쓰고 노력하고 있습니다.

철학자   지금의 입시 형태로는 경제학부에 가든 법학부에 가든 일단 합격부터 하고 보자는 데서 시작하죠. 경제학부에 진학하는 것과 법학부에 진학하는 것은 이후의 인생이 달라질 게 분명한데도 합격한 후에 생각하자는 사람이 많습니다. 그리고 입학하는 순간부터는 취업을 생각합니다. 동시에 자격증 공부를 시작하는 학생도 있죠. 그럴 거면 대학에 가지 않아도 되지 않을까 싶은데 졸업장이 필요하다고 생각해서 모두 대학에 가는 겁니다.

기업도 대학에서 무엇을 공부했는지 문제 삼지 않습니다. 사회에서 중요한 것은 취직한 후에 가르쳐준다며, 마치 대학에서 배운 것은 불필요하다는 것처럼 말하죠.

처음부터 '이런 삶을 살아야 한다'라고 어른들이 정해버렸는데, 그 틀에 끼워져 다시는 빠져나오지 못하는 사람도 많습니다. 그런데 성공을 목표로 삼고 살면 행복에서 멀어질 수 있습니다. 앞서도 몇 번이나 말했듯이, 자신이 목표로 하는 바를 달성하지 못할 수도 있기 때문입니다.

직장인 K   그럼 그 순간의 행복을 선택하는 것이 중요하다는
　　　　　말씀인가요?

철학자　　그렇습니다. 그래서 굳이 목표를 내걸 필요는 없다
　　　　　는 이야기도 했는데, 자신에게 행복일지 어떨지를
　　　　　가장 중시하면서 사는 것이 중요합니다. 그 결과,
　　　　　세속적으로 봤을 때 성공하는 경우는 있겠죠.
　　　　　새로운 회사에서 일하거나 직접 사업을 시작하느
　　　　　라 그 전까지의 경력을 활용하지 못할 수도 있습
　　　　　니다. 그래도 지금 일에서는 희망이 없다고 생각해
　　　　　이직을 결심한 그 순간에 이미 행복을 실감할 수
　　　　　있습니다.

직장인 C   '끝이 좋으면 다 좋다'라는 말도 있지 않나요?

철학자　　세상 사람은 그런 식으로 말하죠. 하지만 이직을
　　　　　선택한 사람이 앞으로 어떤 인생을 살지는 알 수
　　　　　없습니다. 희망하는 부서에 발령받았는데 느닷없
　　　　　이 다른 부서로 재배치될 수도 있어요. 또는 그 직
　　　　　장에 다닐 수 없게 될 수도 있죠.
　　　　　그러나 행복이 어떤 것인지 아는 사람은 일이 바
　　　　　뀌든 어떤 운명이 기다리든 꿈쩍하지 않습니다. 존

재 차원에서의 행복을 아는 사람은 자신을 둘러싼 상황이 아무리 달라져도 그 때문에 행복감을 잃지는 않을 겁니다.

학생 H　상황에 좌우되지 않고 항상 행복해질 수 있다니, 그야말로 최강 아닌가요?

철학자　그렇다고 생각합니다. 존재 차원에서의 행복을 아는 사람은 최강입니다. 반대로 성공주의자는 최약입니다. 조건에 휘둘리기 때문입니다.

직장인 C　자신 이외의 변하는 것에 행복의 주도권을 건넨다는 거군요. 무슨 일이 일어날 때마다 불안해하는 것은 그 때문일까요?

철학자　그렇습니다.

직장인 C　어떻게 하면 그 최강의 사고방식을 손에 넣을 수 있을까요?

철학자　강해지려 하지 않는 겁니다.

직장인 C　강해지지 않으면 살아가기 어려울텐데요.

철학자　그것도 세속적인 가치관이잖아요. 어떤 일에도 흔들리지 않는 강력한 사고방식을 갖고 싶은가요? 하지만 그렇게 생각하지 않는 것이 오히려 강력한 사고방식을 갖는 겁니다.

성공주의자의 사고방식은 조건에 좌우되기 때문에 나약합니다. 인생이 잘 풀릴 때는 성공했다고 생각해서 자신감에 넘칠지 모르지만, 그것은 자신이 바라지 않는 일이 일어나기 전까지입니다. 예를 들어 갑자기 정리해고를 당할 수도 있죠. 젊고 학력도 갖춰서 인생이 순조로울 거라 생각했는데 갑자기 회사의 실적이 기울어질 수도 있습니다. 그렇게 됐을 때 성공주의자는 매우 나약합니다. 자신이 더는 살 가치가 없다고까지 생각하는 사람도 있어요.

그러나 존재 차원에서의 행복을 실감할 수 있는 사람은 정리해고를 당하든 질병으로 쓰러지든 잃을 것이 없다고 생각합니다. 자신의 가치와 자신을 둘러싼 환경은 아무 관계가 없기 때문입니다. 강해지려 하지 않으면 오히려 강한 사람이 될 수 있다는 게 이런 얘기입니다.

 삶을 바꾸는 쉰네 번째 걸음
나의 가치는 환경과 조건에 좌우되지 않음을 깨닫는다.

그저 존재하는 데 행복이 있다

학생 H   저희 아버지는 최근에 조기퇴직을 하셨는데, 지역
　　　 커뮤니티 일에 관심을 두고 매일 바쁘게 지내십
　　　 니다.

철학자   그거 좋은 일이네요. 노파심에서 하는 얘기인데,
　　　 딱히 바쁘게 지내야만 하는 것은 아닙니다. 일을 빼
　　　 앗긴 자신에게는 가치가 없다고 생각해서 일을 떠
　　　 나지 못하는 사람이 많거든요. 정년퇴직 후에 용건
　　　 도 없는데 회사를 찾아가는 사람들이 그렇습니다.
　　　 회사는 그 사람이 없어도 잘 돌아가는데 말이죠.

학생 H   하지만 그 일을 많이 좋아했다면 회사를 떠난 후
　　　 에도 신경을 쓰는 게 당연하지 않은가요?

철학자   일할 때 정말 행복을 느꼈던 사람이라면 일을 그만둬도 낙담하지 않습니다. 일을 통해 남들에게 도움이 된다고 느낄 수 있으면 즐겁죠. 낮밤을 가리지 않고 정말 열심히 일합니다. 그런 사람은 성공하기 위해서 일했던 게 아닙니다.

         남들에게 도움이 된다는 느낌이 어떤 것인지 알게 되면 퇴직 후에는 다른 일을 하는 것으로, 아니면 존재만으로도 여전히 자신이 도움이 된다고 생각할 수 있습니다. 그런 사람은 일을 하지 않더라도 자신이 쓸모없는 인간이라며 낙담하지 않습니다.

직장인 K   우리 부모 세대도 그렇게 생각할 수 있을까요?

철학자   자식들이 도와주면 됩니다. "일을 하지 않는다고 해서 아버지의 가치가 없어지는 것은 아니에요"라고 말해주는 거죠.

직장인 K   스스로 생각을 바꾸기는 상당히 어렵잖아요. 만일 그런 사람이 주위에 없다면, 어떻게 해야 생각이 바뀔 수 있을까요?

철학자   예를 들면 "아버지는 어떨 때 행복하다고 느끼십니까?" 하고 물어보십시오. 아마도 그런 건 생각해본 적도 없다는 대답이 돌아올 것 같은데, 그래도 여운이 남아서 자신을 돌아보긴 할 겁니다. 행복이 무엇인지, 어떨 때 행복하다고 느끼는지 자신의 마음에 물어보겠죠.

어릴 적은 어땠는지 생각해보도록 자극을 주는 것도 좋습니다. 사회에 나와 일하기 전에는 무엇이 재미있고 즐거웠나 하는 식으로, 행복하다고 느낀 순간은 어느 때였는지 돌아보게 해주세요. 너무 일에 묶인 인생을 산 사람은 완전히 잊어버렸을 겁니다.

직장인 C 그 질문을 저에게 해보니 어떤 일을 했을 때가 떠오르네요. 그렇다면, 행복해지기 위해서는 그냥 살아 있기만 하는 게 아니라 특별한 행위를 해야 하는 것 아닌가요?

철학자 그보다 먼저 존재 차원에서 생각해보세요. 즐거웠던 추억이 차례차례 떠오를지라도 더욱 깊이 생각하면 뭔가를 했기 때문에 행복했던 것이 아니었음을 알 수 있습니다.

예전에 노쇠한 아버지를 돌보게 됐을 때, 뭔가를 해

야만 한다고 생각했습니다. 아버지의 증상은 날이 갈수록 나빠졌어요. 치매였습니다. 스스로 할 수 없는 것들이 늘어나 식사 때를 제외하곤 누워만 계셨습니다. 저는 매일 아버지를 찾아뵈었는데, 어느 날 "이렇게 누워만 계시니 안 와도 되겠어요"라고 말했어요. 그랬더니 "아니야. 나는 네가 와주니까 안심하고 잘 수 있단다"라고 하시는 거예요. 그때, 누군가에게 도움이 되기 위해서 특별히 뭔가를 할 필요는 없다는 것을 분명히 깨달았습니다. 그저 존재하는 것만으로도 충분하다는 걸 알게 됐죠.

학생 H 인간도 본래 꽃이나 나무와 같다는 생각이 드네요. 거기 있는 것만으로도 위로를 받잖아요.

철학자 그렇습니다. 꽃은 특별히 인간을 기쁘게 해야겠다고 생각해서 활짝 피는 것은 아닙니다. 그리고 피었나 싶으면 이내 지고 맙니다. 그 역시 특별히 인간을 슬프게 하려는 것은 아니죠. 많은 사람이 꽃 구경 오기를 바라는 것도 아닙니다. 그저 피었다가 져버립니다. 그처럼 누군가에게 영향을 줄 의도가 없는 꽃들도 보는 사람의 마음을 평온하게 합니다.

상처 입은 사람이 꽃을 보고 위로받잖아요. 인간도
본래는 그런 존재가 아닐까 생각합니다.

 삶을 바꾸는 쉰다섯 번째 걸음

모든 사람이 살아 있는 것만으로도 충분히 훌륭하고 가치 있음을
알자.

일터에서 버티는 법

직장인 K　강의를 들으면서 가치관이 서서히 바뀌고 있지만,
내일부터의 일을 생각하면 여전히 우울합니다. 일
요일 밤은 항상 우울해요. 생산성에 가치가 있다고
여기는 세상에서 충분히 성과를 올리지 못하고, 그
것을 질책당했을 때 자기긍정감을 유지하기란 정
말 어렵습니다. 아무리 노력해도 상사가 부과하는
할당량을 달성할 수 없을 때, 어떻게 마음을 다잡
아야 하나요?

철학자　그것이 회사의 사고방식일 수도 있고 상사의 사고
방식일 수도 있지만, 그런 척도로 매사를 생각하
는 사람이 많다는 사실을 받아들이는 수밖에 없습

니다. 그들이 그런 식으로 생각하는 이유를 모르는 것은 아닙니다. 결과를 내지 못하면 회사를 운영할 수 없기 때문이죠. 그러나 이해하는 것과 그 생각에 찬성하거나 반대하는 것은 전혀 차원이 다른 이야기입니다.

우선은 이해해야 합니다. 적어도 이해하고자 노력하지 않으면 대화도 할 수 없으니까요. 그런 다음, 자신은 찬성할 수 없다고 말하면 됩니다. 회사의 사고방식에 자신을 맞출 필요는 없어요. 단, 자신만을 위해서가 아니라 어려운 입장에 처한 사람들 모두를 위해서 바꾸겠다는 생각이어야 합니다. 특히 앞으로 들어올 후배들을 생각해야죠.

회사는 질보다 양이 중요하다고 생각하지만 자신은 시간을 들여 질 좋은 일을 하고 싶을 때, 회사의 사고방식을 따를지 자기 생각을 관철할지 저울질해봐야 할 때가 있습니다. 저는 책을 많이 썼는데, 출판 시기는 출판사가 결정할 때가 많습니다. 하지만 출판사에서 언제까지 끝내줬으면 좋겠다고 해도 그때까지 쓸 수 있다고 장담할 수는 없습니다.

이를 직장인의 입장에 대입해보면, 회사의 방침과 다른 생각을 가져도 관철하기가 어려울 때가 있다는 얘기가 될겁니다. 자기 혼자 싸우면 넘어야 할 벽이 높습니다. 질이 중요하다고 말해봤자 양을 처리하지 못하는 내가 무능하다고 할 겁니다.

하지만 현명한 상사는 있을 거예요. 동료 중에도 자신의 생각을 지지해주는 사람은 있을 겁니다. 그런, 타인에 대한 신뢰감은 필요합니다. 자신의 생각을 이해받지 못한다고 생각해 좌절하고 고립되는 것보다 목소리를 내지 않아도 자신과 같은 생각을 가진 동료는 분명 있다고 생각하면 고독하지 않습니다.

직장인 C 맞아요, 이상하다고 생각하는 사람들은 많을 겁니다. 재빨리 사태를 파악하고 다른 회사로 가기도 할 거고요.

철학자 부하 직원의 목소리에 귀 기울이지 않으면 우수한 사원을 놓치게 된다는 것을 상사가 깨닫지 못하는 겁니다. 부하 직원을 키울 수 없는 상사는 유능하지 않습니다. 이 회사에서 일하고 싶다고 생각하는 부하 직원을 키워야 하는데, 정반대로 행동하죠.
부하 직원이 성장하지 못하는 것은 상사의 교육이
나 지도에 문제가 있어서죠. 하지만 그건 생각하
지 않고 자신이 젊었을 때는 어쨌다는 식으로 질
책하면 열심히 할 거라고 착각하는 사람이 있습니
다. 하지만 젊은 사람에게 그런 논리는 통하지 않
기 때문에 그곳을 떠납니다. 자신에게 맞는 곳을
적극적으로 찾아가죠. 그러면 요즘 젊은 애들은 참
을성이 없다고 말하죠. 나는 그런 사람과 인간관계
를 지속하고 싶지 않습니다.

실제로 예전에 병원 정신과에서 일했을 때 이 상사
와는 같이 일할 수 없다고 생각해서 뛰쳐나온 적
이 있습니다. 병원을 그만둘 결심을 하기까지 3년
이나 걸렸습니다. 상근직으로 취업한 것이 마흔 살
때라서 그곳에서 정년까지 일할 작정이었죠. 그
런데 일을 시작하고 일주일 만에 더는 안 되겠다
는 생각이 들었습니다. 그렇게 생각하는 것이 내
가 이기적이어서일지도 모른다고 생각했어요. 나
와 나이가 같은 사람이 있었는데, 그는 훨씬 이른

나이에 그곳에 와서 책임자로 일하고 있었거든요. 그걸 생각하니 내가 사람들과 잘 어울리지 못한다는 생각이 들었고, 그래서 좀 더 노력해보자고 마음먹었죠.

지금 다니는 곳이 이상적인 직장이 아니어도 다른 장점을 찾을 수 있다면 조금 더 머무는 방법도 있습니다.

나의 경우는 그 조직에 있으면 환자에게 도움을 줄 수 있다는 보람이 있었습니다. 정신과에 있으면 개인적으로 상담을 할 때보다 다양한 질병의 환자와 대화할 수 있고 그들에게 힘이 될 수 있습니다. 그래서 3년을 버텼죠. 그곳에서의 일에서 공헌감을 찾을 수 있다면 당장 떠나지 않고 일을 계속하는 것도 하나의 해결법이긴 합니다.

제 딸은 대학교를 졸업하고 몇 년 동안 일을 하다가 결혼했습니다. 그 후에는 전업주부가 됐고 아이가 태어났죠. 만일 제 딸이 지금 일을 하는 여러분과 이야기할 기회가 있다면 부러워할 수도 있을 겁니다. 그런 의미에서는 현재 상태가 백퍼센트 만

족스럽지도 않아도 꽤 좋은 환경이라고 생각할 수

있을지 모릅니다.

직장인 K 그건 그렇다고 생각합니다.

철학자 현재 상태에 불만이 있더라도 그 조직 안에서 활

약하는 것 역시 하나의 방법입니다. 그곳에서 누구

도 트집 잡을 수 없고 모두가 인정할 수밖에 없는

일을 해내는 것이죠. 그렇지 않다고 판단되면 이직

을 고려해야겠죠.

 삶을 바꾸는 쉰여섯 번째 걸음

조직을 따를지, 자기 생각을 관철할지 생각한다.

악순환은 내 선에서 끊자

철학자   프리랜서 편집자로 일하는 친구가 있는데, 좋아하는 책을 만들고 나머지 시간은 자신이 좋아하는 일을 하며 보냅니다. 그렇게 사는 것도 좋을 겁니다. 먹고살 수 있을까 하는 문제는 있지만, 실제로 잘 팔리는 책을 많이 만들었습니다.

그런데 그는 베스트셀러를 만드는 것이 최우선이 아니라 모두에게 읽히고 싶은 책을 만들고 싶어 합니다. 자신이 편집한 책으로 세상을 바꾸고 싶기 때문에 단순히 잘 팔리는 것에는 의미를 두지 않거든요. 이 이야기를 하는 이유는 누군가에게 도움이 된다고 느낄 수 있고 그것으로 행복을 느낄 수 있는 것이 성공보다 중요하다고 생각하기 때문입니다.

일에 대해 깊이 생각해 필요가 있어요. 누구에게도 도움이 되지 않는다고 생각되는 일은 아무리 많은 돈을 받아도 지속할 수 없습니다. 단순히 돈을 벌기 위해서가 아니라 일을 함으로써 어떤 방법으로든 타인에게 도움을 주고 싶다고 생각했다면, 일의 가치를 양으로 따지는 이상한 상사가 있다고 한들 꿈쩍도 하지 않을 겁니다.

직장인 K　지금까지 선생님이 하신 말씀을 듣고 누군가에게 도움이 되고 싶다는 마음으로 일하겠다고 결심했습니다. 제가 하는 일이 세상에 어떤 가치를 가져올지 진중히 생각해보려고 합니다.

철학자　응원하겠습니다. 젊은 사람은 상사에게 심한 말을 듣곤 하는데, 그래도 머지않아 자신도 상사가 되죠. 그때 예전 상사의 행동을 반복하지 않기를 바랍니다.

학생 H　그 고리를 끊을 수 있는 사람과 끊지 못하는 사람은 어떻게 다른가요?

철학자   자신이 괴로웠던 경험을 타인은 겪지 않게 하자고
결심할 수 있느냐 아니냐의 차이입니다. 자신이
당한 것을 누군가에게 되돌려줘야 한다고 생각하
는 것은 중학생이 동아리 활동에서나 하는 거죠.
선배가 되면 후배를 골려주겠다고 하는 것 말입니
다. 한마디로, 철이 널 는 사람이라고 할 수 있죠.
이제 우리는 성인이니 똑같은 행동을 절대 하지
않겠다고, 악순환은 내 선에서 끊겠다고 결심해야
합니다.

 삶을 바꾸는 쉰일곱 번째 걸음
자신이 싫어하는 일을 타인에게 강요하지 않는다.

침묵하기보다 저항하자

학생 H   플라톤은 현명한 철학자들이 통치하는 철인정치를 주장했는데, 지금은 그와는 완전히 거리가 먼 사람들이 권력을 쥐어서 세상이 엉망진창이에요.

철학자   그렇습니다.

학생 H   이 시기가 지나가기를 그저 기다릴 수밖에 없는 걸까요? 우리가 그것을 무너뜨릴 수는 없나요?

철학자   권력의 남용은 통하지 않는다는 것을 깨닫게 하는 수밖에 없습니다. 부패 정치가 계속되는 이유는 국민이 허용하기 때문입니다.

2020년에 스가 요시히데 총리가 일본학술회의 측이 추천한 회원 후보 가운데 여섯 명의 임명을 거부해서 파문을 일으킨 적이 있습니다. 전례를 따르지 않아도 된다는 게 그의 주장이었는데요. 그 일은 법률을 위반한 것으로, 부당하게 권력을 휘두른 겁니다. 객관적인 시각으로 정권에 쓴소리를 하는 기관인 학술회의의 독립성을 훼손한 거죠.

더 큰 문제는 국민 대다수가 자신과는 관계없는 일이라며 신경도 쓰지 않았다는 겁니다. 권력을 남용해도 아무런 저항을 받지 않으면 부정부패는 더 심해질 수밖에 없습니다. 권력을 견제하려면 국민이 목소리를 내야 합니다. 특히 젊은이들이 더 치열하게 저항해서 조직을 바꿔나가야 합니다.

어떤 사안을 두고 정치가가 대충 답변하고 얼버무리면, 관료들이 그 답변을 보충하곤 하죠. 때로는 정치가가 그저 읽기만 해도 되도록 답변서를 작성해주기도 하고요. 관료들이 그런 일을 하는 이유는 출세할 수 있기 때문이에요. 출세를 위해 권력에 빌붙고 정치가의 부정을 감싸거나 은폐하고, 공문서를 위조합니다.

앞서 얘기한 미키 기요시는 "성공주의자를 부리

는 것은 아주 쉽다"라고 했습니다. 나를 따르면 출세할 수 있다는 분위기를 슬쩍 풍기면 된다는 거죠. 젊은 사람들은 그런 말에 속아 넘어가선 안 됩니다. 그리고 정의감이 뒷받침된 분노를 가져야 해요. 개인 차원에서의 화는 도움이 되지 않습니다.

직장인 C　개인 차원에서의 화는 왜 도움이 되지 않죠?

철학자　문제가 조금도 해결되지 않기 때문입니다. 불평불만을 늘어놓거나 화를 내는 것과 분노하는 것은 분명히 다릅니다. 미키 기요시는 인권이 위협당할 때, 예를 들어 권력형 갑질이나 성추행을 당했을 때는 강경히 맞서야 한다고 강조했습니다. 즉 감정적인 분노가 아니라 이성적인 분노를 하라고 말한 거예요. 부정을 목격했을 때, 우리는 분노해야 합니다. 목소리를 내고, 동료와 연대해야 합니다. 그러지 않으면 조직도 국가도 달라지지 않습니다.

 삶을 바꾸는 쉰여덟 번째 걸음
이성적인 분노로 체제에 맞선다.

할 수 있는 것부터 차근차근 해나가자

직장인 K   지금까지의 얘기를 듣고 새롭게 결심했습니다. 동료나 상사들이 어떻게 생각하든, 회사에서 제 목소리를 내보고자 합니다. 이게 자립이 아닐까 생각하는데요. 정작 목소리를 냈는데도 환경이 변하지 않는다면 그 자세를 계속 유지할 수 있을지 걱정이됩니다.

철학자   환경을 한 번에 바꾸려 하지 마세요. 자신이 할 수 있는 것부터 시작하고, 서서히 변화를 만들어가야합니다.

처음부터 엄청난 변화를 기대하면 벽에 부딪히기쉽고, 금방 지치게 됩니다. 그러면 지금보다 더 큰 절망에 빠지고 고립될 수 있습니다.

K씨는 회사의 할당량 문제로 고민이 많은데요. 최종 목표는 '할당량에 구애받지 않고 고객과 회사에 도움이 되는 일을 한다'일 겁니다. 지금 당장 최종 목표를 이뤄야겠다고 생각하기보다는 상사와 협의해서 할당량을 조금씩 줄이는 것부터 시작하면 되지 않을까요?

직장인 C 결심을 유지하려면 작은 목표를 세우고, 할 수 있는 일부터 하라는 말씀인가요?

철학자 그렇습니다. 현실의 어려움 때문에 용기가 꺾이지 않는 것이 중요합니다. '모 아니면 도' 식으로 생각하지 말라는 거죠. 작은 것부터 착실히 해나가면 됩니다.

직장인 C 한 걸음 한 걸음이라도 꾸준히 나아가면 된다는 말씀이군요. 그래도 상당히 어려운 일입니다. 폭풍우에 정면으로 맞서는 것처럼요.

철학자 몇 번이나 강조했지만, 아무것도 하지 않으면 아무것도 달라지지 않습니다. 그러면 절망이 계속되고요. 일단 한 걸음을 내디딘 후에는 그다음 걸음만

생각하세요. 그러다 보면 어느새 폭풍우를 뚫고 맑
게 갠 광장에 도착해 있을 겁니다.

 삶을 바꾸는 쉰아홉 번째 걸음
작은 한 걸음이 쌓여 커다란 변화가 된다.

직장에서 휘둘리지 않는 법

철학자 직장에서 권력을 앞세워 갑질을 하는 사람은 스스로 열등감을 느끼기 때문입니다. 아들러의 말로 설명하자면, 스스로 유능하지 않다는 것을 알기 때문에 자기보다 뛰어난 사람을 질투하는 거죠. 자신이 무능하다는 사실이 들통날까 봐 센 척하는 거라고 보면 됩니다. 하지만 정말 강한 리더라면 그럴 필요가 없습니다. 정말 뛰어난 상사는 자신이 뛰어나다는 걸 과시하지 않죠. 부하 직원을 감정적으로 대하지도 않습니다.

직장인 C 상사의 갑질 때문에 너무 괴로워서 사표를 낼까 생각한 적이 한두 번이 아닙니다. 업무에서 자그마

한 실수라도 하면, 그 일뿐만 아니라 오래전 일들까지 시시콜콜 소환해서 완전히 무능력자로 낙인을 찍어버리거든요.

철학자 부하 직원이 실수하는 것은 당연합니다. 그럴 때 왜 실수했는지, 앞으로 같은 실수를 반복하지 않으려면 어떻게 해야 하는지를 서로 이야기하면 됩니다. 굳이 소리를 지르거나 책상을 내려치며 화를 내지 않아도 된다는 뜻이에요.

질 나쁜 상사는 인신공격까지 하기도 하는데, 이건 명백한 갑질입니다. 그렇게 함으로써 상대적으로 자신의 가치를 높이고 우월감을 느끼려는 겁니다. 아들러는 이것을 '가치 저감 경향'이라고 표현했어요. 본래의 일터인 제1의 전쟁터가 아니라 일과 관계없는 제2의 전쟁터로 부하 직원을 불러내 호통을 치는 거죠.

그런 상사에게는 문제를 지적할 거면 일에 관한 것만 해달라고 말하면 됩니다. 그리고 상사의 지적이 옳으면 제대로 받아들여서 좋은 결과를 내도록 노력해야 합니다.

직장인 C 그 상사가 입버릇처럼 하는 말이 "요새 젊은것들 은 틀려먹었다니까. 내가 그 나이 때는 몇 날 며칠 밤을 새워가면서 일했어!"예요. 하도 들어서 귀에 딱지가 앉을 정도인데, 회사 생활을 그렇게 하는 게 옳은지 공감할 수가 없습니다. 자기 일을 성실 히 하는 것과 밤을 새우는 것은 완전히 별개의 문 제라고 보거든요.

철학자 기업 연수에서 그런 상사를 자주 봅니다. 상사에게 호된 꾸중을 들으면서 노력을 거듭한 덕분에 이 자리까지 오게 됐다고 자랑하는 사람이 많아요. 하 지만 그런 건 그 사람의 개인적인 경험이므로 일 반화해서는 안 되죠.

아들러는 화의 목적을 두 가지로 봤습니다. 하나는 상대방이 자기 말을 따르게 하려는 것입니다. 화를 내면 무섭기 때문에 대개 그의 말을 듣게 되죠. 다 른 하나는 우월감을 느끼려는 것입니다. '나는 너 보다 이만큼 잘났으니까 이런 말도 하는 거야'라 는 생각이 바탕에 깔려 있죠.

직장인 C 그런 상사를 둔 직원들은 정말 피곤해요. 간혹 대

화의 자리가 마련될 때도 부하 말은 귓등으로도
안 듣고, 설교 일색이거든요.

철학자 설교를 하는 것도 자기 생각을 따르게 하려는 거
죠. 부하 직원을 지도하려는 생각보다는 자기 의견
이 옳으니 무조건 따르라는 거죠.

직장인C 상사가 유독 저를 괴롭힌다는 생각이 드는데, 꼭
저여서 화를 내는 건 아니라는 말씀인가요?

철학자 그렇습니다. 그저 자신의 권력을 과시하고 싶어서
죠. 하지만 상사가 봤을 때 만만하다고 생각되는
사람을 타깃으로 삼곤 합니다.

어쨌든, 경험이나 연차와 상관없이 자기가 맡은 일
을 제대로 하는 건 기본 중의 기본입니다. 남들에
게 보여주기 위해서가 아니라 자신의 일로 회사와
회사 사람들에게 도움이 되기 위해서죠. 그러려면
상사가 짜놓은 틀에서 벗어나야 합니다. 해방이라
고도 할 수 있죠.

직장인C 여기서 '해방'이란 어떤 의미인가요?

철학자 또 혼날지 모른다고 생각하면서 상사의 안색을 살
피는 한, 그에게 얽매이게 됩니다. 그런 사람은 상

사에게 의존합니다. 자기는 그렇지 않다고 생각하겠지만요. 앞에서도 말했잖아요? 학대받으며 자란 자식이 부모에게도 좋은 점이 있다며 두둔한다고 말이죠. 그걸 끊어내지 못하면 자기 자식한테 학대를 대물림하게 됩니다. 직장에서도 마찬가지예요. 상사에게 갑질을 당하면서도 자신을 성장시키기 위해 지도하는 거라고 생각하는 부하 직원은 나중에 자신이 상사가 됐을 때 똑같이 합니다.

직장인 K 하지만 상사의 말이 옳을 때도 있어요.

철학자 물론 있겠죠. 아무래도 그 직장에 더 오래 몸담았을 테니 업계 상황도 잘 알 테고요. 하지만 그것은 '상사'가 아니라 '말하는 내용'이 옳은 것뿐입니다. 못된 상사지만 때로 옳은 말도 한다면서 갑질을 받아들이는 것은 잘못입니다.

직장인 K 그럼, 상사의 인정을 받고 싶다고 생각하는 것은 의존인가요?

철학자 그렇습니다. 인정받으면 기분 좋죠. 하지만 상사에게 인정받기 위해서 일을 하는 것은 바람직하지 않습니다. 우선 자신이 존재 차원에서 남들에게 도움이 된다고 느껴야 합니다. 그리고 행동으로 도움을 줄 수 있으면, 그 단계로 나아가면 됩니다.

 삶을 바꾸는 예순 번째 걸음
상사의 평가에 의존하지 않고 내 일을 한다.

화는 삭이고 정당한 분노는 발산하자

철학자   지금까지 '화'에 대한 이야기를 했습니다. 화는 되도록 내지 말아야 합니다. 단, 앞에서도 말했지만 명예를 위한 분노는 필요합니다. 인권이 위협당할 때 침묵해선 안 됩니다. 사사로운 분노는 삭여야 하지만 공적인 일에 대하여 느끼는 분노는 표출해야 합니다.

눈앞에 있는 사람에게 화를 낼 때 그 화는 돌발적인 것으로, 매우 단순합니다. 그리고 그때뿐인 화로 끝납니다. 그런 의미에서 정신적이라고 미키 기요시는 말했습니다. 그에 비해 증오는 나쁘다고 봤죠. 증오는 습관이 되기 때문입니다. 아무런 이유도 필요치 않고, 무엇에 대해서든 증오심을 갖게 됩니다.

당사자가 이미 자리를 떴는데도 계속 화가 난다면 그것은 화가 아니라 증오입니다. 눈앞에 있을 때 반론하는 것은 상관없지만, 그 사람이 없는 곳에서 또는 지나간 어떤 일이 생각나서 짜증이 난다면 그것은 화가 아니라 증오입니다.

'혐오 발언'도 증오를 표출하는 것입니다. 인터넷에 가끔 특정 성별이나 나라를 욕하면서 선동하는 글들이 그렇습니다. 혐오 발언은 특정한 개인이 아니라 어떤 유형에 속하는 모든 사람을 대상으로 하죠. 전혀 모르는 익명의 사람들에게 증오를 발산하는 겁니다. 혈기 왕성한 청년들이 그런 선동에 휩쓸리기 쉬운데 절대 조심해야 합니다. 증오를 표출해서 무엇을 얻을 수 있겠습니까? 우리에게 필요한 건 정당한 분노뿐입니다. 미키와 달리 저는 돌발적인 화도 인정하지 않습니다.

학생 H 감정이란 게 있으니 갑자기 화가 나는 건 어쩔 수 없지 않나요?

철학자 앞에서도 말했듯이, 화는 문제를 해결하지 못합니다. 화의 감정이 일어난다고 하더라도 상대에게 공격적으로 표출하지 말아야 합니다.

학생 H 그럼 화가 쌓여서 증오가 되는 건가요?

철학자 아뇨, 그 둘은 별개입니다. 최초에 일어난 것이 화일 수는 있죠. 누군가에게 불만이 생기는 건 흔한 일이잖아요. 그런데 시간이 지나면서 자기 안에서 어떤 이미지가 만들어지고, 그것에 부정적인 감정을 갖게 되는 것이 증오입니다.

직장인 C 실제와는 다른 허구가 만들어지고 점차 커지는 거군요.

철학자 상사가 부하 직원에게 증오를 느낄 때가 있습니다. 물론 그 반대의 경우도 있고요. 일단 증오의 감정이 되면 상대가 어떤 행동을 하든, 무슨 말을 하든 화가 납니다.

사실은 자기가 생각하는 만큼 나쁜 사람이 아닐 수도 있는데, 일단 부정적인 이미지가 만들어지면 그 사람을 보거나 생각이 날 때 부정적인 이미지가 강화됩니다. 급기야 그 사람 때문에 직장에서 즐겁게 일할 수 없고, 관두고 싶다는 생각마저 듭니다. 사람은 누구나 화가 날 수 있습니다. 일시적으로 그 순간의 감정으로 끝난다면 화를 만든 상황이나 발언에 대해 필요하다면 반박할 수도 있지만, 상대의 인격을 문제 삼거나 인간적으로 미워하지는 않습니다. 만약 상대 자체를 싫어하게 된다면 그것은 증오이지 화가 아닙니다.

그러면 그 증오는 어떤 식으로든 자신에게 부정적인 영향을 줍니다. 누구에게도 도움이 되지 않고 문제도 해결하지 못할 뿐더러 나쁜 방향으로 사람을 몰고 갑니다.

삶을 바꾸는 예순한 번째 걸음
분노와 증오를 혼동하지 않는다.

사람이 아니라 말과 행동을 보자

철학자 사람들은 흔히 자신에 대해서든 타인에 대해서든 어제와 똑같은 그 사람이라고 생각하죠. 하지만 인격은 고정돼 있지 않습니다.

직장인 K 순간순간의 그 사람만이 존재한다는 말씀인가요?

철학자 시간을 연속되는 선으로 생각하지만, 점으로 생각해보면 이해하기 쉽습니다. 머릿속에는 과거도 있고 미래도 있지만, 엄밀히 말해 '지금 이 순간'만 존재할 뿐입니다. 과거나 미래에 대한 머릿속의 생각이 지금 이 순간에 영향을 주는 것은 사실이지만, 행복해지기를 바란다면 현재에 집중해야 합니다. 인격도 마찬가지입니다. 어릴 때와 지금 자신의 인격이 연속성을 지니기는 하지만 완전히 똑같지는 않습니다. 그러므로 인간관계에서 제대로 대처하기 위해서는 상대방의 과거가 아니라 지금 순간의 말이나 행동에 초점을 맞춰야 합니다. 그 사람 인격 자체가 아니라요.

예를 들어 상사가 싫더라도 그의 지적이 옳으면 받아들여야 합니다. 반대로, 지적하는 내용이 적절하지 않다면 분명하게 반론해야 합니다. 그런 대응을 하는 것과 상사의 인격은 아무 관계 없습니다. 그가 하는 말에만 주목하면, 평소에도 무난히 잘 지낼 수 있습니다. 누가 말하느냐가 아니라 무엇을 말하느냐에 주목해서 대응하면 되니까요. 그러면 갑질이 습관화된 상사와 일할 때도 그의 말이나 행동 때문에 마음고생할 일은 줄어듭니다.

직장인 C 그렇군요. 인격과 언행을 구분해서 생각하면 확실히 스트레스를 덜 받을 것 같아요.

철학자 이전 강의에서 '금방 싫증내는 것이 아니라 호기심이 많은 것이다'라는 이야기를 한 적이 있었죠. 집중력이 없는 것이 아니라 분산력이 있는 것이라고 하며 언뜻 단점으로 보이는 것을 장점으로 보는 방식을 설명했었습니다. 그 방식을 상사에게도 적용해보는 겁니다.

상사 입장에서는 무슨 말을 해도 나아질 것 같지 않은 부하 직원에게는 아무 말도 하지 않아요. 반면 가능성이 있어 보이는 부하 직원에게는 더 노력했으면 하는 의미에서 이런저런 조언을 하죠. 그가 사람을 대하는 방식이 세련되지 못했을 수도 있어요. 하지만 인간의 선함을 믿고, 자신을 성장시키려고 지도한다고 생각해보면 어떨까요?

그렇다고 해서 세련되지 못한 태도까지 그대로 수용해야 한다는 얘기는 아닙니다. 고압적인 태도나 난데없는 호통, 빈정거림 등의 태도는 자제해달라고 말로 전해야 합니다. 할 수 있는 게 아무것도 없다는 무력감에 빠져서는 안 됩니다.

 삶을 바꾸는 예순두 번째 걸음
상대가 누구냐가 아니라, 말하는 내용에 집중한다.

삶도 세상도 바꿀 수 있다

직장인 K   요즘에는 'FIRE(조기은퇴)'니 'YOLO(한 번뿐인 인
생)'니 하는 말들이 크게 유행하고 있습니다. 젊어
서 돈을 많이 벌어 일찍 은퇴하고 좋아하는 것만
즐기면서 인생을 보내자는 분위기예요. 어딘지 딴
세상 얘기처럼 들리고, 일하고 싶다는 마음이 싹
가시곤 합니다.

철학자   기본적으로는 일하지 않고 살아 있는 것만으로도
충분합니다. 단, 일할 수 있는 사람은 일을 함으로
써 사회에 기여해야 합니다.

젊은 사람이 일하고 싶지 않다고 생각하게 된 건
어른들 책임입니다. 어른들이 일이란 재미없는 것

이라는 인상을 심어줬으니까요. 부모 세대는 내 집 한 채 가지기 위해 몸이 가루가 되도록 일하고, 이른 새벽부터 밤늦게까지 날마다 아등바등했죠. 그 모습이 자녀 세대에게는 전혀 행복해 보이지 않았던 겁니다. 노동 방식, 생활 방식에서 바람직한 모델이 없었죠.

그러나 일을 한다는 게 고통이 아니라 기쁨이자 보람이라는 걸 앞으로는 직접 보여줘야 합니다. 일은 재미없는 것이 아닙니다. 일을 함으로써 성공할 수 있기 때문이 아니라 사회에 기여한다고 느낄 수 있기 때문입니다. 일을 하고 싶지만 몸이 아파 할 수 없는 사람도 있습니다. 지금 일할 수 있다면, 성공을 목표로 하는 게 아니라 일을 통해 자신과 사회에 도움을 줘야 합니다. 그것이 행복으로 가는 가장 빠른 길이기 때문입니다.

지난 세대의 방식을 따라 할 필요는 없습니다. 새로운 일, 새로운 삶을 찾으십시오. 그렇게 하면, 어른들 역시 저런 삶도 있다는 것을 깨닫고 자신들의 오래된 가치관을 바꾸게 될 겁니다.

비록 현실은 혹독하지만 무력감에 빠져 흘러가는 대로 휩쓸려서는 안 됩니다. 만일 좋은 모델이 없다면 스스로 만들어나가기 바랍니다. 당신들에게는 세상을 바꿔갈 힘이 있습니다.

 삶을 바꾸는 예순세 번째 걸음

이상적인 삶의 모델을 직접 만든다.

마치며

학교 건물을 나오자 구름 한 점 없는 파란 하늘이 끝없이 펼쳐져 있었다.

그 하늘을 배경으로 새 한 마리가 날갯짓을 하고 있다.

부드러운 바람에 나뭇잎이 살랑거리고

꽃은 흐드러지게 피어 있고

태양은 어느 때보다 밝게 빛나고 있었다.

나의 삶과 세상은 조금씩 달라질 것이다.

눈앞에 펼쳐진 경치는 어제와 완전히 달랐다.

아니, 그렇지 않다.

세상은 이미 달라지기 시작했다.

한 사람의 힘은 크다.

공동체의 일원인 나의 생각과 생활 방식이 바뀌면,

세상이 더는 어제와 같을 수 없다.

한 발짝 내디딘 나의 발걸음은 경쾌하고

살아갈 힘으로 가득 차 있다.

후기

저는 오랫동안 대학에서 교편을 잡았고, 병원에서 상담도
했기 때문에 청년들과 대화할 기회가 자주 있었습니다.
기본적으로는 청년들 편이었죠. 부모가 자식 일로 상담하
러 오면, 부모가 간섭하지 않아도 자식은 자력으로 살아
갈 수 있다는 조언을 해주곤 했습니다.

자식에게 모든 걸 해주는 것이 부모의 의무라고 생각
하는 사람들은 선뜻 받아들이지 않지만, 그래도 계속해서
이야기하면 한 번쯤은 자신의 가치관을 돌아보더군요.

육아의 목표는 자식이 부모에게 의존하지 않고 살아갈
수 있도록 도와주는 것입니다. 자식이 해결해야 할 문제
를 부모가 떠맡으면 자식은 언제까지나 부모에게 의존할

뿐 자립하지 못합니다. 실제로, 대학을 졸업하고도 부모에게 얹혀사는 청년들이 적지 않죠.

자기 인생은 자기가 선택하고 결정해야 합니다. 세상의 상식이나 학교 선생님, 직장 상사의 조언을 참고할 순 있지만 그에 따른 결정은 순전히 자신의 몫이어야 합니다. 앞날이 어떻게 될지는 누구도 알 수 없는데, 결과가 기대한 것과 다르다고 해도 남 탓을 할 수는 없기 때문입니다. 그들 중 누구도 당신 인생을 책임져줄 수는 없습니다. 모든 사람은 자기 인생만 책임질 수 있을 뿐입니다.

미키 기요시가 자신의 책《셰스토프적 불안에 관하여》에서 '기이하다(eccentricity)'라는 말을 썼습니다. 보통 '상식을 벗어나다' 또는 '성격과 행동이 보통이 아니다'처럼 부정적인 의미로 쓰이는데, 미키는 긍정적인 의미로 사용했습니다. 그는 이것을 '이심성(離心性)'이라고 해석했는데, '중심에서 벗어나는 것'이라는 의미입니다.

많은 사람이 아무 의문도 없이 받아들이는 상식은 '중심'적인 사고지만, 저절로 정해진 것이 아닐뿐더러 꼭 옳다고도 할 수 없습니다. 중심에서 벗어나 사람들과 다른 인생을 사는 것이 기이하게 사는 것이라는 의미입니다.

지금 살기 힘들다고 느끼거나 절망에 빠져 있다면, 중심에서 벗어났기 때문입니다. 그런 사람들에게 저는 중심에서 벗어나도 된다, 모두와 똑같은 인생을 살지 않아도 된다고 강조하고 싶습니다. 불안해하지 말고 자신감을 가지라고 말이죠.

그러려면 첫째, 성공 중심의 사고방식을 버려야 합니다. 성공해야만 자신에게 가치가 있다는 생각 때문에 많은 젊은이가 치열하게 경쟁하고 있습니다. 기성세대의 가치관, 미키의 표현을 빌리자면 '중심'에서 벗어나지 못한 거죠. 공부하는 것 자체가 문제는 아닙니다. 타인과 경쟁할 필요가 없다는 얘기입니다.

둘째, 과거에 얽매이지 말아야 합니다. 지금까지 살면서 좋은 일은 하나도 없었다는 사람이 간혹 있습니다. 이들은 힘들고 고통스러웠던 과거를 핑계 삼아 미래로 나아가길 거부합니다. 지금까지 힘들었으니 앞으로도 그럴 거라고 지레짐작하고, 자신이 아무것도 하지 않는 데 대해 스스로 합리화를 하는 겁니다.

하지만 시간은 거꾸로 흐르지 않습니다. 미래를 바라봐야만 합니다. 인생이 늘 생각대로 풀리는 건 아니지만, 그래도 지금 할 수 있는 일을 하면 희망이 있습니다.

셋째, 오늘을 살아야 합니다. 지금 이 시간을 등한시하면 행복으로 갈 수가 없습니다. 오늘은 먼 미래의 목표를 달성하기 위한 준비 기간이 아니라 매일매일이 실전입니다. 오늘 할 수 있는 일을 진중하게 하면서 과정을 즐기는 것이 인생입니다.

미래를 생각하면 앞이 보이지 않아 불안하다고 말하는 사람들이 있습니다. 그러나 앞이 보이지 않기 때문에 가슴 설레는 인생을 살 수 있지 않을까요? 평일 아침에 집을 나선 학생이나 직장인에겐 목적지가 정해져 있죠. 학교 또는 회사 말입니다. 그때는 아무런 불안도 느끼지 않을 겁니다. 앞길을 훤히 아니까요. 그런데 휴가철에 한 번도 가보지 않은 곳으로 여행을 떠난다면 어떨까요? 불안과 기대가 섞인 기분을 느끼지 않을까요? 인생을 그런 여행이라고 생각해보면 좋겠습니다.

이 책에서 이야기한 삶의 방식은, 지금은 상식에서 크게 벗어난 것처럼 보일 수도 있습니다. 그러나 청년들이 적극적으로 행동해 세상을 바꾸면 언젠가는 중심적인 사고가 되리라고 믿습니다.

지금까지 제 이야기를 듣고 마음이 편해졌다는 사람이 많았습니다. 그런데 실행에 옮기려고 하니 너무나 어렵더라고 말하는 사람도 있었습니다. 목표를 너무 높이 잡지 말고, 작은 것부터 시작해보기 바랍니다. 일단 한 걸음을 내딛고, 그다음 걸음을 내딛는 것만 생각하면 됩니다. 그러다 보면 당신을 둘러싼 환경이 크게 바뀌어 있을 겁니다.

　이 책은 편집을 맡아준 시노하라 아스미와 온라인으로 실제 나눈 대화를 토대로 했습니다. 시노하라 덕분에 지금 청년들이 어떤 고민을 하는지 알 수 있었습니다. 인내심을 갖고 이야기를 들어주고 어려운 질문을 해준 데 감사드립니다.

기시미 이치로

미움받을 용기 기시미 이치로의 인생 철학

삶은 언제나 답을 찾는다

제1판 1쇄 인쇄 | 2023년 9월 20일
제1판 1쇄 발행 | 2023년 10월 4일

지은이 | 기시미 이치로
옮긴이 | 홍성민
펴낸이 | 김수언
펴낸곳 | 한국경제신문 한경BP
책임편집 | 박혜정
교정교열 | 공순례
저작권 | 백상아
홍보 | 서은실·이여진·박도현
마케팅 | 김규형·정우연
디자인 | 권석중
본문디자인 | 디자인현

주소 | 서울특별시 중구 청파로 463
기획출판팀 | 02-3607-590, 584
영업마케팅팀 | 02-3604-595, 562   FAX | 02-3604-599
H | http://bp.hankyung.com   E | bp@hankyung.com
F | www.facebook.com/hankyungbp
등록 | 제2-315(1967.5.15)

ISBN 978-89-475-4917-2 03180

책값은 뒤표지에 있습니다.
잘못 만들어진 책은 구입처에서 바꿔드립니다.